HOCHRHEIN

Johann Schmieder | Sencon-Verlag

gewidmet allen, die zum Erscheinen
dieses Buches beigetragen haben

2

Liebe Leserinnen und Leser

Mit diesem Band der REGIO ENTDECKUNGEN darf ich Sie gleich mit zwei der attraktivsten Regionen Europas bekannt machen.

Der westliche Abschnitt des Hochrheins zwischen Basel und der Schweizer Stadt Kaiserstuhl durchquert die RegioTriRhena, die mit rund 2,3 Millionen Einwohnern im Dreiländereck Deutschland, Frankreich und Schweiz liegt.

Der östliche Teil des Hochrheins führt durch die Euroregio Bodensee bis nach Stein am Rhein zur Einmündung des Untersees in den Hochrhein. Zu der Euroregio Bodensee, in der insgesamt rund 3,6 Millionen Menschen leben, gehören u.a. die Schweizer Kantone Zürich, Schaffhausen und Thurgau sowie der deutsche Landkreis Konstanz.

Entsprechend vielfältig und abwechslungsreich sind die Landschaft und ihre Sehenswürdigkeiten. In 165 Entdeckungen werden Sie historische Bauwerke, Schlösser, Burgen, alte Kirchen, Museen, die Städte und Dörfer mit ihren Märkten, Veranstaltungen, Thermen und Freizeitangebote kennen lernen. Sie werden auch mit den regionalen Weinen und ihren Winzern bekannt werden, die eine rund zweitausend Jahre alte Weinbau-Tradition pflegen und damit international anerkannte Spitzenweine herstellen.

Ich wünsche Ihnen viel Spaß bei der Lektüre dieses Buches und bei Ihren Entdeckungsfahrten.

Mit herzlichen Grüssen

Ihr Johann Schmieder

Übersicht Kapitel

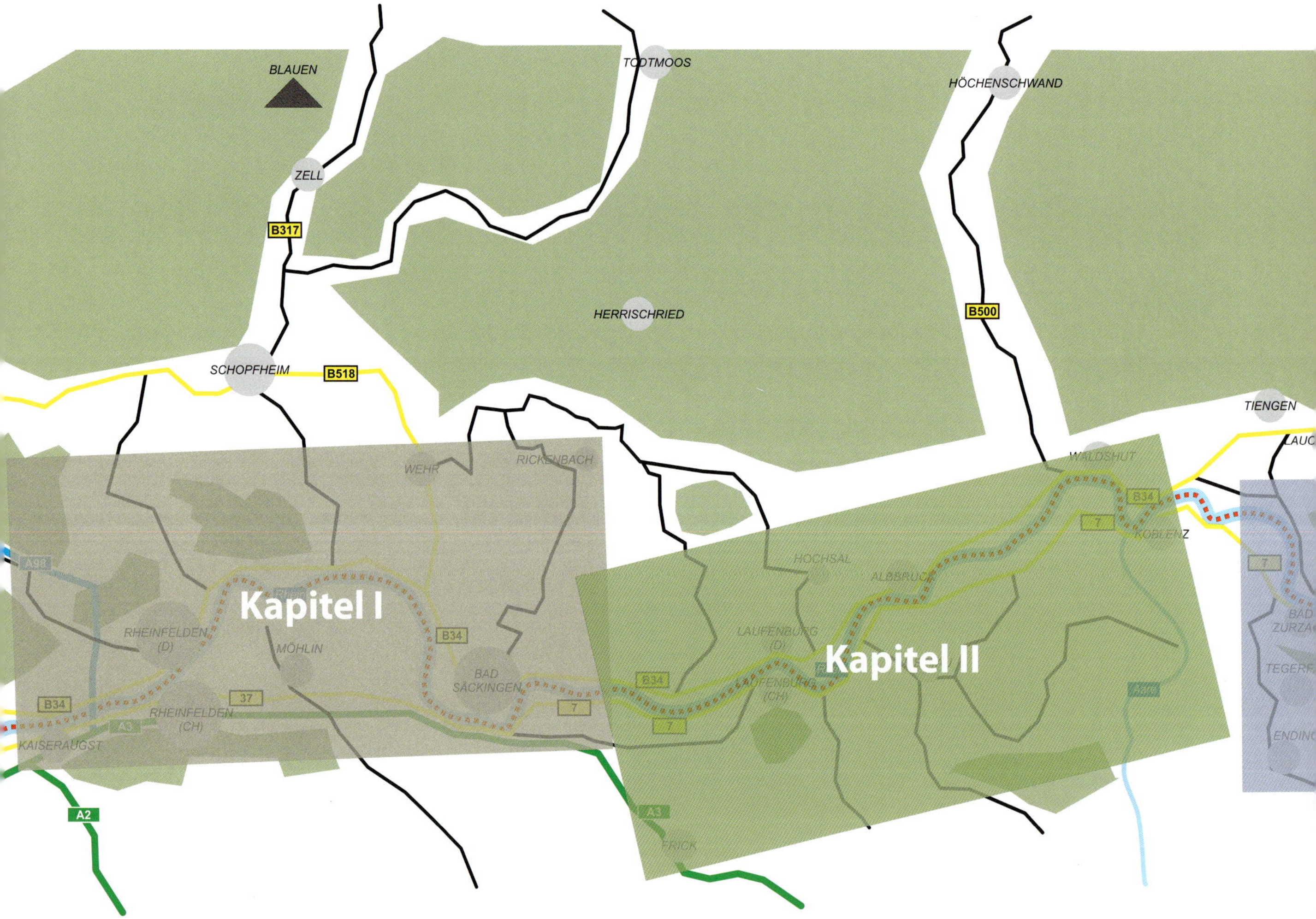

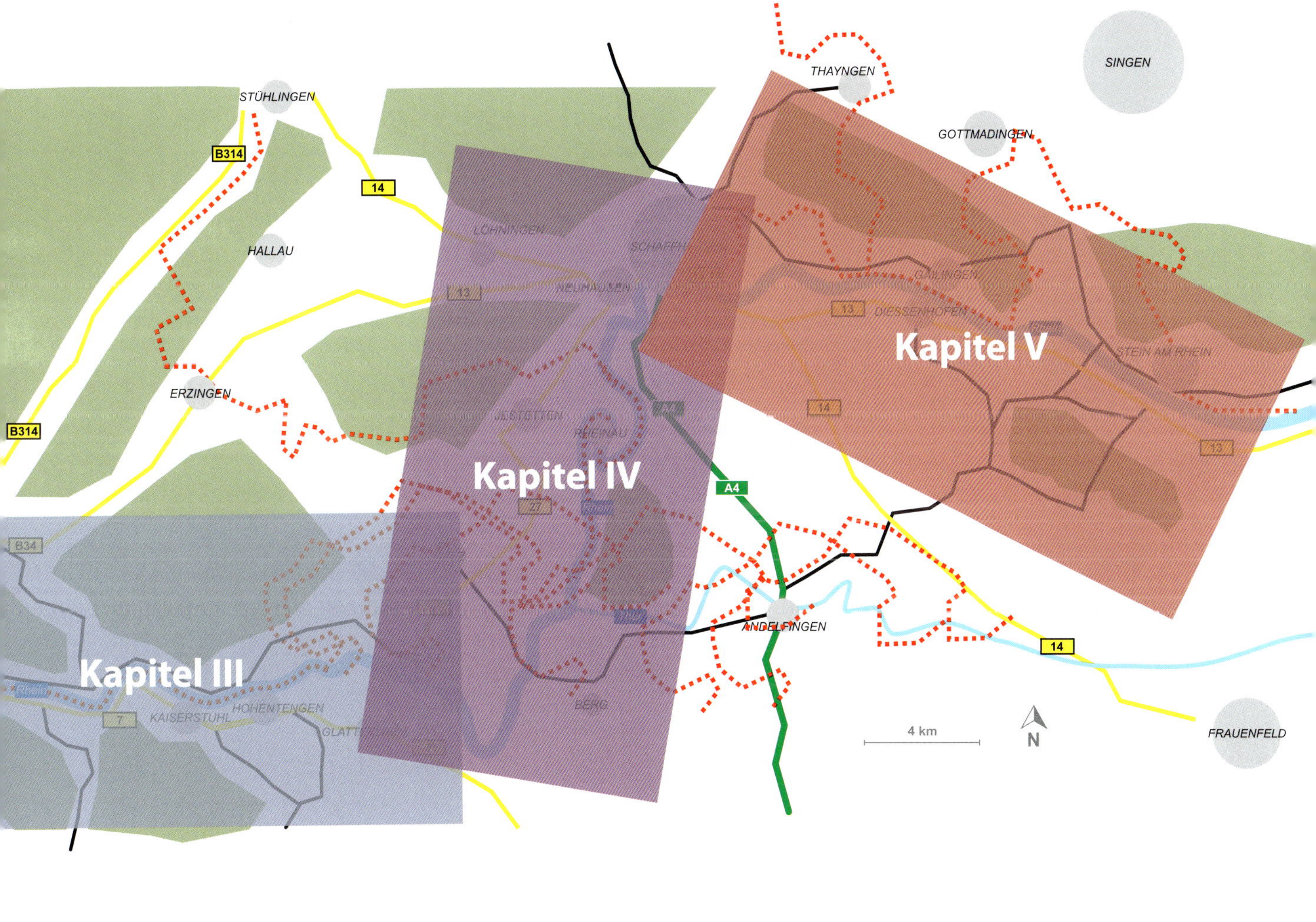
STÜHLINGEN
B314
14
HALLAU
ERZINGEN
B314
THAYNGEN
SINGEN
GOTTMADINGEN
Kapitel V
Kapitel IV
Kapitel III
A4
ANDELFINGEN
14
4 km
N
FRAUENFELD

Der im Gotthardgebiet entspringende Rhein mündet als Alpenrhein in den Bodensee und verlässt diesen am Ende des Untersees bei Stein am Rhein als Hochrhein. Diesen Namen behält er bis Basel, wo er zum Oberrhein wird. Kurz hinter Mainz, bei Bingen, ändert er den Name auf Mittelrhein, bei Bonn dann in Niederrhein um schliesslich in den Niederlanden als Deltarhein in die Nordsee zu münden.

Der Hochrhein, Thema dieses Buches, gehört zu den schönsten und abwechslungsreichsten Strecken im Verlauf des Rheins. Das liegt auch an dem, für Ortsunkundige manchmal verwirrenden, Grenzverlauf zwischen Deutschland und der Schweiz sowie zwischen den Schweizer Kantonen. Auf seinen 141 Kilometern Länge zwischen der Rheinbrücke in Stein am Rhein und dem Rheinknie in Basel berührt oder durchquert der Hochrhein drei deutsche Landkreise und sechs Schweizer Kantone. Zu verdanken haben wir diese Grenzverläufe einerseits der Entstehungsgeschichte der Eidgenossenschaft, andererseits Napoleon und in der Folge dem Wiener Kongress mit seinen Grenzziehungen.

Auch die wechselvolle aber doch gemeinsame Geschichte des Kulturraums Hochrhein macht das Reisen interessant und spannend. Für die Römer war der Hochrhein einerseits eine wichtige Verkehrsverbindung zwischen Gallien im Westen und Rätien im Osten, andererseits ab dem 4. Jh. die befestigte Grenze gegen die Germanen. Zahlreiche Ruinen von Kastellen, Wachtürmen und Gutshöfen zeugen noch heute davon. Die eindrucksvollsten sind wohl die von Augusta Raurica in Augst bei Basel, mit denen dieses Buch beginnt. Den Römern verdankt der Hochrhein aber nicht nur Ruinen sondern auch den Wein, der zu beiden Seiten des Flusses in ausgezeichneter Qualität von zahlreichen Winzern gekeltert wird.

Eindrucksvollste Zeugen des Mittelalters sind neben Kirchen und Klöstern, welche die frühe Christianisierung der Region belegen, sowie den Resten einiger Burgen, vor allem die zahlreichen gut erhaltenen mittelalterlichen Städte, die häufig an einem Flussübergang zu beiden Seiten des Rheins liegen und die ihre Entwicklung dem Handel und der Rheinschifffahrt verdanken. Vor allem für die Habsburger war der Hochrhein eine wichtige Verbindung zu ihren Besitzungen in Vorderösterreich und so hängen heute noch in manchem Ratszimmer am Hochrhein die Bildnisse der Kaiserin Maria Theresia und ihres Sohns Joseph II.

Entdecken Sie den Hochrhein grenzüberschreitend mit dem Fahrrad, dem Auto oder mit dem sehr gut ausgebauten ÖPNV. Am schönsten aber ist die Fahrt mit dem Schiff, leider geht das aber wegen des Rheinfalls und der zahlreichen Wasserkraftwerke nur in Etappen.

Die Entdeckung des Hochrheins beginnt in Augst bei Basel und führt in fünf Kapitel bis Stein am Rhein. Sie stellen sich vermutlich die berechtigte Frage, wieso stromaufwärts und nicht wie sonst üblich dem Wasserlauf folgend. Zum einen sind Basel und die RegioTriRhena der Ausgangspunkt der REGIO ENTDECKUNGEN und zum anderen finde ich Flussfahrten stromaufwärts einfach beschaulicher als andersrum, aber das ist Geschmacksache und die Struktur des Buches erlaubt es auch, den Hochrhein stromabwärts zu entdecken.

Jedes der fünf Kapitel umfasst einen Raum von 20 Kilometer Länge und 10 Kilometer Breite entlang des Rheins. Bitte beachten Sie, dass in Folge des Rheinverlaufs die fünf Karten nicht nach Norden ausgerichtet sondern dem Flussverlauf angepasst sind. Zu Ihrer Orientierung zeigen die Karten Nordpfeile.

Kapitel I beginnt in Augst bei Basel und führt über das Schweizer und deutsche Rheinfelden mit einem Abstecher nach Wehr und in den Hotzenwald nach Rickenbach bis Bad Säckingen.

Kapitel II führt Sie von Frick über das deutsche und Schweizer Laufenburg, die aargauischen Gemeinden Mettau und Wil sowie die Militärmuseen in Reuenthal und Full in die Doppelstadt Waldshut-Tiengen mit ihren zahlreichen Sehenswürdigkeiten.

Kapitel III beginnt in Klingnau und führt Sie über einen Abstecher zum jüdischen Kulturweg nach Endingen und Lengnau weiter nach Bad Zurzach. Ein kurzer Umweg über die Küssaburg führt nach Hohentengen am Rhein und die Nachbargemeinde Kaiserstuhl, die kleinste Stadt der Schweiz. Nach Abstechern nach Wil AG und Glattfelden endet Kapitel III in Eglisau.

Kapitel IV ist als einziges nicht Ost-West sondern annähernd Süd-Nord ausgerichtet. Im Süden liegt die Greifvogelstation Berg am Irchel unweit von Eglisau, dann führt Sie dieses Kapitel über die Einmündung der Thun, die Orte Rafz und Nack, das Kloster Rheinau und dem spektakulären Rheinfall nach Schaffhausen. Von dort machen wir Ausflüge ins Blauburgunderland nach Behringen, Löhningen und Wilchingen.

Von Schaffhausen führt Kapitel V, jetzt wieder in Ost-West Richtung, über das deutsche Gailingen und das Schweizer Diessenhofen und nach einem Abstecher zur Staatsdomäne Kalchrain zum Abschluß dieses Buches nach Stein am Rhein mit seinen berühmten bemalten Fassaden. Die Insel Werd liegt als letzte Entdeckung jenseits des Hochrheins bereits im Untersee, ein kleiner Vorgeschmack auf eines der nächsten Bücher aus der Reihe der REGIO ENTDECKUNGEN.

Legende

- Veranstaltung, Fest
- Einkaufen
- Hotel
- Museum
- Restaurant
- Sehenswürdigkeit
- Wanderung, Rundfahrt
- Café, Bistro
- Therme, Wellness
- Theater, Konzert
- Wein, Winzer, Straußenwirtschaft

Inhaltsverzeichnis

3 Vorwort

4 Übersichtsplan

6 Einführung

8 Legende

9 Inhaltsverzeichnis

11 Kapitel I Zwischen Augst und Bad Säckingen

137 Kapitel II Zwischen Frick und Tiengen

227 Kapitel III Zwischen Klingnau und Eglisau

325 Kapitel IV Zwischen Eglisau und Schaffhausen

389 Kapitel V Zwischen Schaffhausen und Stein am Rhein

442 Literaturquellen

444 Bildquellen

445 Ortsverzeichniss

448 Impressum

Kapitel I

Zwischen Augst und Bad Säckingen

Kapitel I
Zwischen Augst und Bad Säckingen

1	S. 16	Augst - Augusta Raurica
2	S. 20	Rheinfelden (CH) - Marktgasse
3	S. 22	Rheinfelden (CH) - Rathaus
4	S. 26	Rheinfelden (CH) - Fricktaler Museum
5	S. 28	Rheinfelden (CH) - Johanniterkapelle
6	S. 30	Rheinfelden (CH) - Albrechtsbrunnen
7	S. 32	Rheinfelden (CH) - Altstadt
8	S. 34	Rheinfelden (CH) - Die feisse Geiss
9	S. 36	Rheinfelden (CH) - Ringmauermuseum
10	S. 38	Rheinfelden (CH) - St. Martin
11	S. 42	Rheinfelden (CH) - Kurpark
12	S. 44	Rheinfelden (CH) - Parkresort
13	S. 46	Rheinfelden (CH) - Das Inseli
14	S. 48	Rheinfelden (CH/D) - Alte Rheinbrücke
15	S. 50	Rheinfelden (D) - Salmegg
16	S. 52	Rheinfelden (D) - Stadtmuseum
17	S. 54	Rheinfelden (D) - Stadtbild
18	S. 56	Rheinfelden (D) - Narrenmuseum
19	S. 58	Rheinfelden (D) - Rheinuferweg
20	S. 60	Rheinfelden (D) - Pavillon „Kraftwerk 1898“
21	S. 62	Rheinfelden (D/CH) Wasserkaftwerk
22	S. 64	Rheinfelden (D) - Schloss Beuggen
23	S. 66	Rheinfelden (D) Tschamberhöhle
24	S. 68	Rheinfelden-Minseln St. Peter und aul
25	S. 70	Rheinfelden - Minseln Dinkelbergmuseum
26	S. 72	Wehr - Stadtbild
27	S. 74	Wehr - Altes Schloss

28	S. 76	Wehr - Neues Schloss
29	S. 78	Wehr - Stadtmuseum
30	S. 80	Wehr - und die Musik
31	S. 82	Wehr - Textilmuseum Brennet
32	S. 86	Wehr - St. Martin
33	S. 88	Wehr - Ruine Werrach
34	S . 90	Wehr - Kavernenkraftwerk
35	S. 96	Wehr - Wanderwege
36	S. 100	Rickenbach - Golfclub
37	S. 102	Bad Säckingen-Wallbach Müllmuseum
38	S. 104	Bad Säckingen - Münsterplatz
39	S. 106	Bad Säckingen - Fridolinsmünster
40	S. 110	Bad Säckingen - Rheinbrückstraße
41	S. 112	Bad Säckingen - Alte Rheinbrücke
42	S. 114	Bad Säckingen - Gallusturm
43	S. 116	Bad Säckingen - Schloss Schönau
44	S. 118	Bad Säckingen - Trompetenmuseum
45	S. 120	Bad Säckingen Diebsturm und Teehäuschen
46	S. 122	Bad Säckingen - Au-Friedhof
47	S. 124	Bad Säckingen Schifffahrt auf dem Rhein
48	S. 126	Bad Säckingen - Villa Berberich
49	S. 128	Bad Säckingen - AQUALON - Therme
50	S. 130	Bad Säckingen - Kavernenkraftwek

25
24
A98
23
22
21
20
17
RHEINFELDEN
(D)
19
18
19
15
16
MÖHLI
13
14
8
9
10
11
12
B34
RHEIN
7
7
RHEINFELDEN
(CH)
6
5
4
3
2
AUGST
1

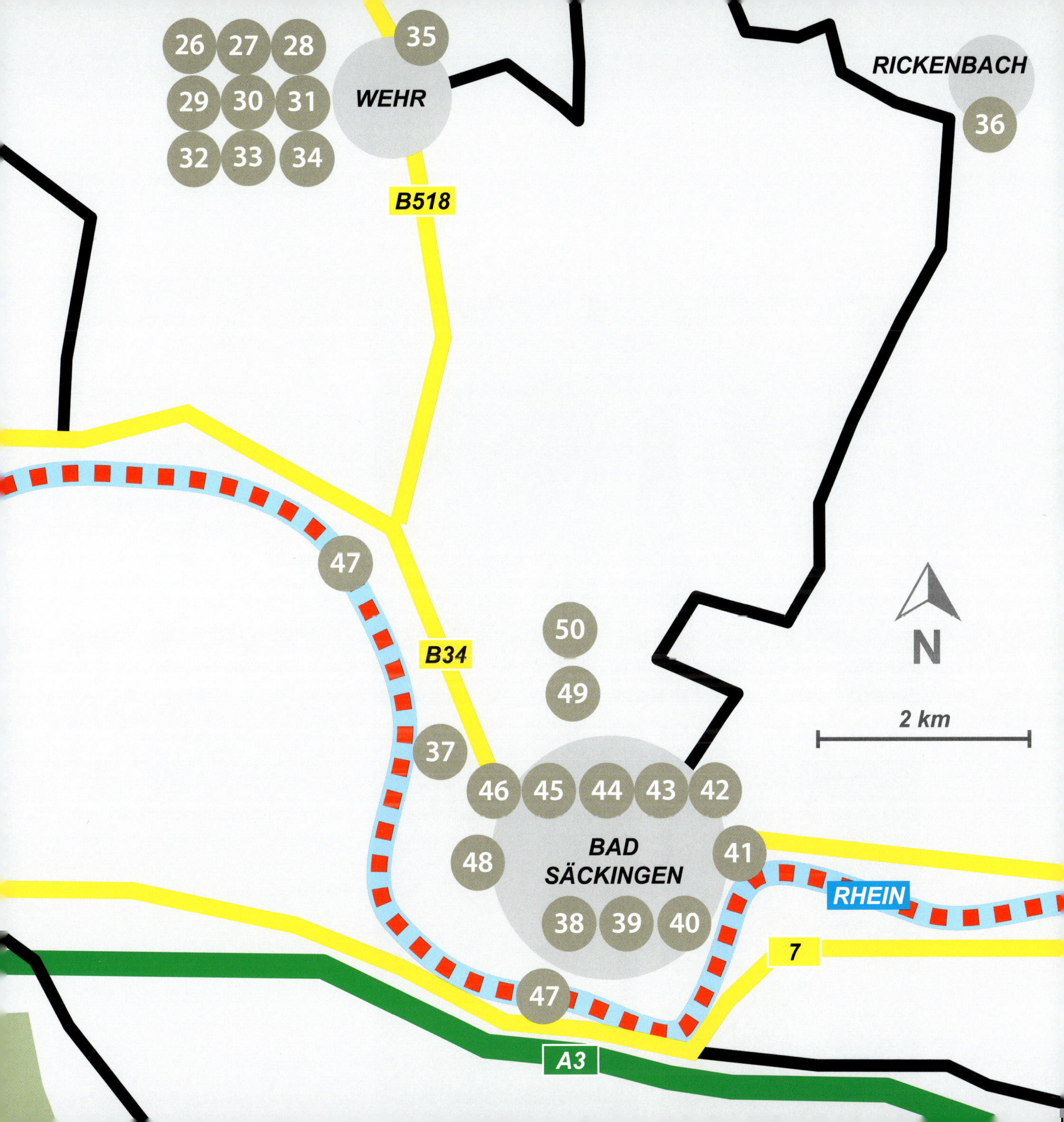
26
27
28
29
30
31
32
33
34
35
WEHR
B518
RICKENBACH
36
47
B34
50
49
37
2 km
N
46
45
44
43
42
48
BAD SÄCKINGEN
41
RHEIN
38
39
40
7
47
A3

1

Augst (CH) Augusta Raurica

Die Kulturlandschaft des Hochrheins wurde über Jahrhunderte von den Römern geprägt. Davon zeugen nicht nur die vielen Weinberge sondern auch zahlreiche bauliche Überreste von Kastellen und Wehrtürmen. Die eindrucksvollste Hinterlassenschaft sind aber zweifellos die Ausgrabungen von Augusta Raurica.

Die Stadt wurde 44. v.Chr. als Colonia Raurica von einem der Feldherren Caesars gegründet. Nach der Eroberung der Gebiete nördlich des Rheins entwickelte sich die Stadt rasch zu einem wichtigen Verkehrsknotenpunkt der Nord-Süd-Verbindung von Italien ins Rheinland und der West-Ost-Verbindung zwischen Gallien und Rätien. In der Blütezeit des 1. und 2. Jh. n. Chr. lebten zwischen 10-15.000 Menschen in der Stadt.

Als im 3. Jh. n.Chr. die Grenze wieder an den Rhein zurückgelegt wurde, errichtete die Armee am Rhein ein mächtiges Kastell aus dem sich dann im frühen Mittelalter ein Bischofssitz entwickelte.

Was ?

Das am besten erhaltene Theater nördlich der Alpen.
Zahlreiche Reste von Bauwerken.
Nachbau einer römischen Villa.
Museum mit zahlreichen Fundstücken, darunter dem Silberschatz.
Zahlreiche Veranstaltungen für Jung und Alt, z.B. Brotbacken, römische Spielnachmittage, Kampfschule für Gladiatoren und mehr.

Wann ?

Öffnungszeiten:
Täglich von 10:00 bis 17:00
Anfragen zu Führungen und Workshops:
Mo bis Fr von 08:30 bis 17:00
Tel. +41-61-5522222
mail@augusta-raurica.ch
www.augusta-raurica.ch
Römerfest im August:
www.roemerfest.ch

Wo ?

Augusta Raurica
Giebnacherstrasse 17
CH-4302 Augst
Individualverkehr:
Aus D über die A861 unmittelbar nach dem Zoll der Beschilderung folgen. Aus CH über die H7, dann der Beschilderung folgen.
ÖPNV: S1 ab Basel SBB bis Station „Kaiseraugst“

Auf dem ehemaligen Stadtgelände sind zahlreiche Überreste von Bauwerken erhalten. Am eindrucksvollsten ist wohl das wieder aufgebaute Theater, das mit einem Fassungsvermögen von einst 10.000 Menschen das grösste erhaltene Theater nördlich der Alpen ist.

Der Besucher kann aber auch Badeanlagen, ein unterirdisches Brunnenhaus, einen ebenfalls unterirdischen Abwasserkanal, die Reste einer Walkerei und einer Taverne sowie den am besten erhaltenen römischen Backofen nördlich der Alpen entdecken.

Der 1955 errichtete Nachbau einer römischen Villa mit ihren bunten Wänden und der spärlichen Möblierung, die für die Römer typisch waren, gibt einen guten Einblick in die Lebensgewohnheiten der Bewohner.

Im Museum werden im Rahmen von Wechselausstellungen einige der über 1,5 Millionen Fundstücke ausgestellt, die in den letzten 100 Jahren ausgegraben wurden, darunter auch der Silberschatz aus 58 Kilogramm reinem Silber mit seinen Platten, Schüsseln, Tischgeräten und Münzen.

Das Glück bewahren

2

Rheinfelden (CH)
Marktgasse

Was ?

Flanieren und Window-Shopping. Erholung in einem der zahlreichen Strassencafès.
Eine Stange in der historischen Brasserie zum Salmen.
Zigarre mit Whisky in der gemütlichen Lounge.

Wann ?

Öffnungszeiten:
Die Marktgasse ist jederzeit frei zugänglich, Geschäfte und Lokale zu den üblichen Öffnungszeiten. Am Montag haben viele Ruhetag.
Informationen:
Tourismus Rheinfelden
Tel. +41-61-8355200
www.tourismus-rheinfelden.ch

Wo ?

Die rund 400 Meter lange Marktgasse erstreckt sich von der Rheinbrücke bis zum Storchennestturm.
Tourismus Rheinfelden:
Marktgasse 16
CH-4310 Rheinfelden

Rheinfelden (CH) Rathaus

3

Der Vorgängerbau des Rathauses wurde bereits zu Beginn des 14. Jh. urkundlich erwähnt.

Vom heutigen Gebäudekomplex entstanden Ende des 14. Jh. der Rheintrakt, der Ostflügel sowie der markante siebengeschossige Turm an der Marktgasse.

1530 wurde die Anlage durch den Kauf des „Haus zur Glocke" im Westen auf vier Flügel erweitert, brannte jedoch bereits 1531 fast vollständig aus.

Der daraufhin errichtete Neubau wurde im 17. und 18. Jh. mehrfach umgebaut und dabei stark barockisiert. Anfang des 20. Jh. erfolgte eine umfassende Renovation, die neugotische Elemente einbrachte.

Die Freitreppe im Innenhof wurde zu Beginn des 17. Jh. errichtet. Aus dieser Zeit stammen auch die beiden Prunkportale im Stil der Spätrenaissance am oberen Ende der Treppe. Das große Wandgemälde über der Treppe stammt von 1911 und zeigt die Schlacht bei Sempach.

Was ?

Markanter siebengeschossiger Turm
Uhr mit Wappen über dem Portal.
Freitreppe mit Prunkportalen.
Wandgemälde mit der Schlacht von Sempach.
15-teiliger Glasgemäldezyklus im großen Ratssaal.

Wann ?

Öffnungszeiten:
Das Äußere und der Innenhof sind jederzeit frei zugänglich.
Die Besichtigung des Rathaussaals ist im Rahmen einer Altstadtführung oder auf Anfrage möglich.
Informationen:
Tourismus Rheinfelden Stadtbüro
Tel. +41-61-8355200
www.tourismus-rheinfelden.ch

Wo ?

Das Rathaus liegt an der Marktgasse ca. auf halber Strecke zwischen der Rheinbrücke und dem Storchennestturm.

Die stat Seckingen · 1532

4

Rheinfelden (CH)
Fricktaler Museum

Was ?

Exponate mit Bezug zu Rheinfelden und dem Fricktal im „Haus zur Sonne".
Stadtmodelle und Aquarelle.
Alte Schmiedewerkstatt.
Museum über die Herstellung von Zigarren.
Ölgemälde der Habsburger Familie.
Sammlung sakraler Kunst.

Wann ?

Öffnungszeiten:
Von Apr bis Dez
Di, Sa und So von 14:00 bis 17:00.
Führungen auf Anfrage:
Tel. +41-61-8311450
fricktaler.museum@rheinfelden.ch

Wo ?

Fricktaler Museum
Marktgasse 12
CH-4310 Rheinfelden
Das „Haus zur Sonne" liegt an der Marktgasse unmittelbar neben dem Rathaus ca. auf halber Strecke zwischen Rheinbrücke und Storchennestturm.

Rheinfelden (CH) Johanniterkapelle

5

Die gotische Kapelle wurde Mitte des 15. Jh. für die Kommende der Johanniter errichtet. Nach der Auflösung der Kommende zu Beginn des 19. Jh. wurde die Kapelle als Lagerraum genutzt, seit 1996 dient sie der Stadt als Ausstellungsraum.

Bemerkenswert sind die in Secco-Technik ausgeführten Wandmalereien, insbesondere die Darstellung des Jüngsten Gerichtes auf der oberen Hälfte der Chorwand, aus der Zeit um 1500 aus der Schule Martin Schongauers.

Was ?

Gotische Kapelle am Rheinufer. Daneben die Gebäude der ehemaligen Johanniter-Kommende. Frühbarocker Altar um 1700. Wandgemälde in Secco-Technik, insbesondere das Jüngste Gericht und ein Christophorusbild.

Wann ?

Öffnungszeiten:
Die Kapelle ist nur bei Ausstellungen für Besucher geöffnet. Ausserhalb der Ausstellungszeiten kann der Schlüssel beim Stadtbüro von Tourismus Rheinfelden geholt werden.
Mo von 13:30 bis 18:30
Di bis Fr von 08:00 bis 12:00
und von 13:30 bis 17:30
Sa jeden 1. und 3 im Monat
von 08:00 bis 12:00

Wo ?

Die Kapelle liegt am Rheinufer, Zugang von der Marktgasse in die Johannitergasse .
Schlüssel bei
Tourismus Rheinfelden:
Stadtbüro
Marktgasse 16
CH-4310 Rheinfelden
Tel. +41-61-8355200
www.tourismus-rheinfelden.ch

6

Rheinfelden (CH) Albrechtsbrunnen

Die Geschichte des Albrechtsbrunnens beginnt im frühen 14. Jh.. Mitte des 15. Jh. wurde er erstmals erwähnt. Der lebensgrosse Bannerträger im Harnisch mit Barett hält in der rechten Hand das Rheinfeldner Stadtbanner, in der linken einen Degen. Das Original wurde in der Mitte des 16. Jh. geschaffen und befindet sich heute im Fricktaler Museum, die Figur auf dem Brunnen ist eine Kopie. Der Brunnen steht auf dem nach einem österreichischen Erzherzog benannten Albrechtsplatz, daher auch der heutige Name des Brunnens, der ursprünglich Spitalbrunnen genannt worden war.

Was ?

Brunnen mit langer Geschichte. Brunnenfigur eines wehrhaften Rheinfeldners mit Stadtbanner und Degen, Original im Fricktaler Museum.
Vier wohlgenährte Musikanten an der Säulenbasis.

Wann ?

Jederzeit frei zugänglich.
Informationen:
Tourismus Rheinfelden Stadtbüro
Tel. +41-61-8355200
www.tourismus-rheinfelden.ch

Wo ?

Der Albrechtsplatz befindet sich am oberen Ende der Marktgasse an der Einmündung der Geissgasse.

7

Rheinfelden (CH) Altstadt

Die Entwicklung der Stadt Rheinfelden begann im 10. Jh. rund um den linksrheinischen Brückenkopf der Burg Stein. Geprägt wird die Altstadt vor allem durch Bauwerke aus dem 17. und 18. Jh., also jener Zeit, als Rheinfelden zu Vorderösterreich gehörte, die Wappen an den Hauswänden erinnern daran. Ein Spaziergang durch die Altstadt vermittelt mit seinen noch erhaltenen Wehrtürmen, aber auch mit vielen kleinen „Hinguckern", einen schönen Eindruck der historischen Stadt.

Was ?

Vier erhaltene Wehrtürme, darunter der Storchennestturm und der mächtige Oberturm.
Lohnender Spaziergang durch schmale Gässchen mit vielen kleinen „Hinguckern".
Die Geiss ist allgegenwärtig, hinter dem Storchennestturm sogar lebend.
Zahlreiche gemütliche Beizen.

Wann ?

Die Altstadt ist jederzeit frei zugänglich.
Bei Tourismus Rheinfelden im Rathaus, Marktgasse 16, erhält man einen informativen Plan der Altstadt.
Mo von 13:30 bis 18:30
Di bis Fr von 08:00 bis 12:00
und von 13:30 bis 17:30
Sa jeden 1. und 3 im Monat
von 08:00 bis 12:00

Wo ?

Die Altstadt umfasst im wesentlichen das Karree zwischen Marktgasse, Geissgasse, Schützenweg und Tempelgasse.
Die Sehenswürdigkeiten der Altstadt finden Sie incl. Kurzbeschreibungen auf dem Stadtplan von Tourismus Rheinfelden.

8

Rheinfelden (CH)
Die feisse Geiss

Während des Dreissigjährigen Krieges belagerten schwedische Truppen Rheinfelden und versuchten die Stadt auszuhungern. Als dort die Lebensmittel ausgingen ersann ein tapferer Schneider eine List. Er nähte sich in das Fell einer toten Ziege ein und spazierte meckernd auf der Stadtmauer herum. Die Schweden glaubten ob der fetten Geiss, dass die Stadt noch reichlich Vorräte hätte und brachen die Belagerung ab, Rheinfelden war gerettet.

Was ?

Die Skulptur eines Schneiders und ein Glockenspiel am „Haus zum schiefen Eck" erinnern an die Geschichte, eine Steintafel an der Hauswand erzählt sie.
Das Glockenspiel mit Ziegengemecker ist auch für Kinder ein grosser Spass und vier mal am Tag läuft auch die Geiss vorbei.

Wann ?

Jederzeit frei zugänglich.
Das Glockenspiel erklingt
täglich um 09:00 / 12:00
15:00 / 17:00

Wo ?

Das „Haus zum schiefen Eck" liegt im Rumpel an der Einmündung von Kuttelgasse und Rindergasse. Zugang von der Marktgasse über die Brodlaube in die Kuttelgasse.

9

Rheinfelden (CH) Ringmauerscheune

Von der ursprünglich über 700 Meter langen Stadtbefestigung mit ihren 9 Türmen sind heute immerhin noch 330 Meter der Befestigung und 4 der Türme erhalten.

Die Ringmauerscheune bietet eine gute Gelegenheit, die Stadtmauer mit ihren Zinnen zu besuchen und sich in die Situation eines belagerten Bogenschützen zu versetzen.

Das Fricktaler Museum nutzt das Gebäude für sehenswerte Sonderausstellungen zum mittelalterlichen Leben.

Was ?

Reste der Befestigungsanlagen. Besteigen Sie den Wehrgang mit seinen Zinnen und versetzen Sie sich in die Situation eines mittelalterlichen Bogenschützen. Sehenswerte Sonderausstellungen zum mittelalterlichen Leben.

Wann ?

Öffnungszeiten:
Informationen durch das Fricktaler Museum.
Tel. +41-61-8311450
fricktaler.museum@rheinfelden.ch
www.fricktaler-museum.ch

Wo ?

Neben Kapuzineregasse 18
CH-4310 Rheinfelden
Zugang von der Marktgasse über die Brodlaube, Kirchgasse und Probsteigasse in die Kapuzinergasse.

10

Rheinfelden (CH) St. Martin

Die erste Kirche entstand zu Beginn des 11. Jh., Mitte des 12. Jh. folgte dann eine Stiftung durch Herzog Konrad von Zähringen.

Anfang des 13. Jh. wurde die Kirche dann in ein Chorherrenstift umgewandelt, das fast 650 Jahre Bestand hatte und das erst 1870 vom Aargauischen Grossen Rat aufgehoben wurde. Im Gegensatz zu einer Kirche genoss das Chorherrenstift Steuerfreiheit und unterstand nicht der städtischen Rechtsordnung. Das Stift besass sowohl links- wie auch rechtsrheinisch umfangreiche Ländereien, unter anderem in Säckingen, Schopfheim und Bellingen.

In der Zeit des 13. bis 15. Jh. wurde die Kirche gotisch umgebaut. Der Turm erhielt seine markante „Welsche Haube" Mitte des 15. Jh.. In der zweiten Hälfte des 18. Jh. wurde die Kirche durch den berühmten Vorarlberger Stuckateur Johann Martin Fröwis barockisiert. Dabei entstanden auch die prächtigen Wand- und Deckengemälde, der Hauptaltar sowie das Chorgestühl.

Was ?

Schlichtes Äusseres mit markanter Turmhaube.
Reiche barocke Stuckaturen.
Prächtige Wand- und Deckengemälde.
Hauptaltar mit St.Martin auf dem Pferd.
8 Seitenaltäre, darunter ein Kreuzaltar mit Kreuzigungsszene
Geschnitztes Chorgestühl.

Wann ?

Die Kirche ist tagsüber ausser bei Messen und Veranstaltungen für Besucher frei zugänglich.
Informationen:
Christkatholisches Pfarramt
Kirchgässli 2
CH-4310 Rheinfelden
Tel. +41-61-8315013

Wo ?

Christkatholische Stadt- und ehemalige Stiftskirche zu St. Martin
Kirchplatz
CH-4310 Rheinfelden
Zugang von der Rheinbrücke über die Tempelgasse und die Kirchgasse.

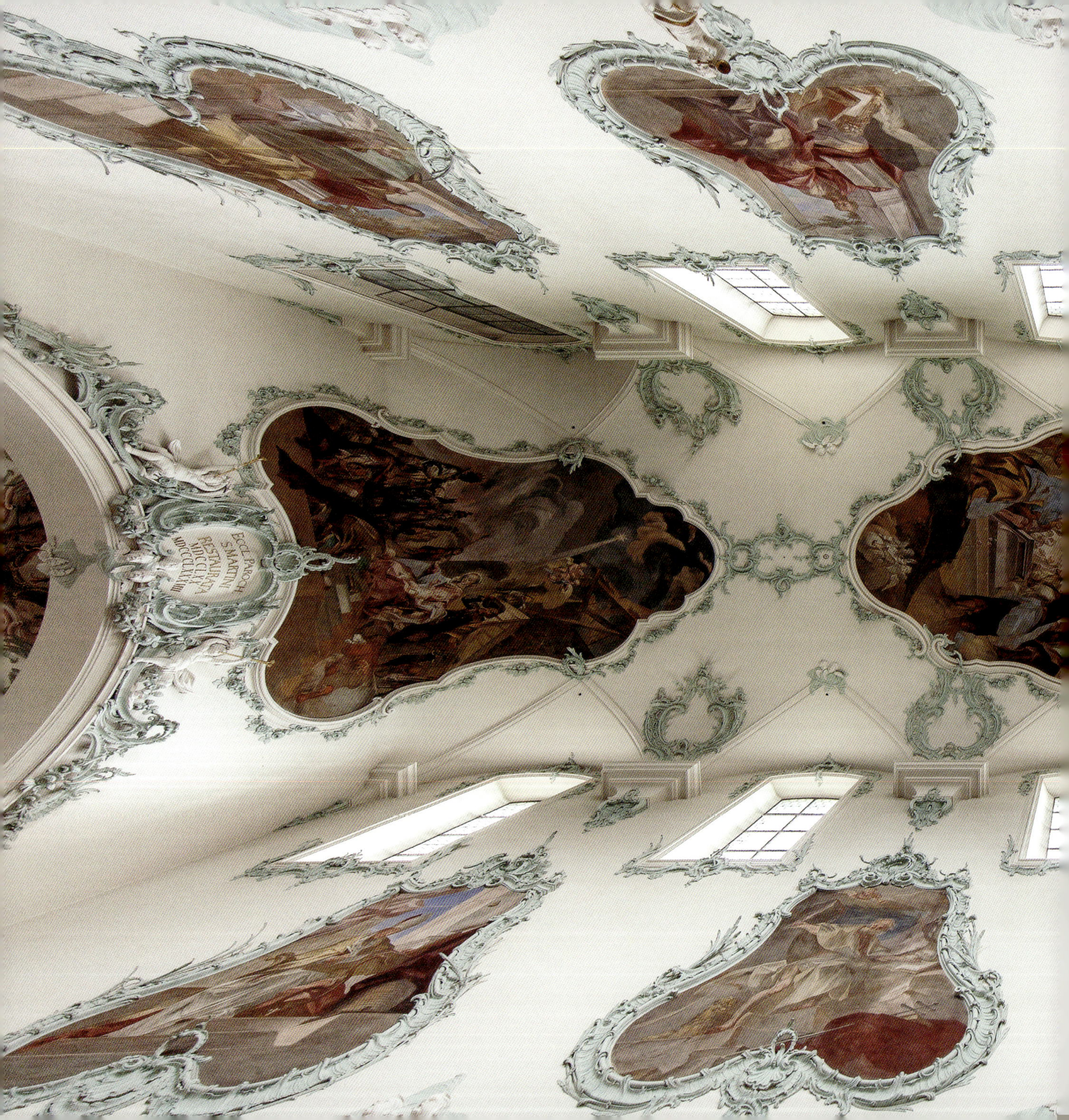
ECCL. PAROCH
S. MARTINI
RESTAURATA
MDCCLXX
MDCCCCLXXXIII

Rheinfelden (CH) Kurpark

11

Der Gesundheitstourismus in Rheinfelden und damit der Kurpark entwickelten sich seit der Mitte des 19. Jh. aus der Nutzung der Sole. Heute umfasst der Bereich rund um den Kurpark mehrere Hotels und Kliniken sowie das Wellnes-Zentrum sole uno. Damit ist der Gesundheitsbereich der wichtigste Arbeitgeber im Schweizer Rheinfelden.

Der Kurpark lädt mit seinem alten Baumbestand zu Spaziergängen und zur Erholung ein. Empfehlenswert ist auch der Weg über die Rheinuferpromenade mit ihren Ausblicken auf den Rhein und die beiden Rheinfelden. Rekonstruierte Salmenwaagen erinnern an die Zeit der Lachsfischerei.

Im Kurpark am Rand zur Stadt steht die Gottesackerkapelle, die Ende des 16. Jh. für den ersten Friedhof ausserhalb der Stadt errichtet wurde. Der heutige Bau stammt aus der Mitte des 18. Jh..

Was ?

Gottesackerkapelle.
Spaziergang und erholsam ruhen unter altem Baumbestand.
Das Wellnes-Zentrum sole uno besuchen.
Seine Krankheiten in einer der Kliniken auskurieren. Entlang der Uferpromenade bis zum neuen Rheinkraftwerk spazieren.

Wann ?

Der Kurpark ist jederzeit frei zugänglich.

Wo ?

Von der Marktgasse über den Storchennestturm in den Rheinweg.
Individualverkehr:
Von der H7 über die Salinen- und Hermann-Keller-Str. in die Roberstenstr., dort ins Parkhaus.
ÖPNV:
Mit dem Stadtbus vom Busbahnhof (D) oder Bahnhof SBB (CH) zur Station „Stadtpark".

Rheinfelden (CH)
Parkresort Rheinfelden

12

Die Geschichte Rheinfeldens als Badekurort begann Mitte des 19. Jh. nach der Entdeckung grosser Salzvorkommen. In den 1950er Jahren wurde die Badekultur neu belebt und kann heute in der Wellness-Welt sole uno im Parkresort erlebt werden. Hier spielt die Sole auch heute noch eine wichtige Rolle. Die Kraft des Meeres ist überall zu spüren, ob im Erlebnisaussenbecken, beim Schweben im Intensiv-Solebecken (12 % Salzgehalt) oder beim Einatmen in der Sole-Inhalationsgrotte. Neben den Wasserwelten bietet sole uno auch eine vielfältige Saunalandschaft mit grosszügigem Aussenbereich und eine Massage-Lounge.

Die Wellness-Welt ist verbunden mit dem Park-Hotel am Rhein, einem 4-Sterne Haus, das gastlichen Komfort mit wohltuender Ruhe ideal kombiniert. Mehrere Restaurants sorgen für kulinarischen Genuss, vor allem für seine Fischspezialitäten ist die Küche ausgezeichnet. Die Rheinterrasse, ein echtes Bijou, vermittelt im Sommer mediterrane Ambiance.

Was ?

sole uno Wellness-Welt
Verschiedenen Solebäder, Erlebnisduschen, Dampfbäder, 5 Saunen, u.a. russische Banja, grosse Liegewiese, Massagen.

Park-Hotel am Rhein
4-Sterne-Hotel in wunderschöner Lage im Park am Rhein. Rheinterrasse mit mediterraner Ambiance.

Wann ?

Öffnungszeiten sole uno:
Täglich von 08:00 bis 22:30
Tel. +41-61-8366763
www.soleuno.ch

Restaurants im Park-Hotel am Rhein:
Ganzjährig geöffnet,
Rheinterrasse nur im Sommer
Tel. +41-61-8366633

Wo ?

Parkresort Rheinfelden
Roberstenstrasse 31
CH-4310 Rheinfelden
www.parkresort.ch
Individualverkehr: Von der A3 bei der Ausfahrt Rheinfelden Ost über die H7 und H2 der Beschilderung folgen.
ÖPNV: SBB Bhf. Rheinfelden, dann Stadtbus 86 bis Station „Parkresort".

Rheinfelden (CH) Das Inseli

13

Das aus Muschelkalk bestehende Inseli im Rhein blickt dank seiner strategisch wichtigen Lage an einem Rheinübergang auf eine lange und bewegte Geschichte zurück.

Im 10. Jh. errichteten die Grafen von Rheinfelden dort die Burg Stein die später in den Besitz der Zähringer und dann der Staufer kam. In der zweiten Hälfte des 13. Jh. fiel die Burg an die Habsburger, die sie für mehrere Jahrzehnte zu ihrem Hauptwohnsitz und Aufbewahrungsort der Reichskleinodien machten.
Mitte des 15. Jh. wurde die Burg im Zuge der Auseinandersetzungen zwischen der Stadt Basel und den Habsburgern von den Baslern weitgehend zerstört. Ende des 17. Jh. errichteten dann die Österreicher eine Artilleriefestung auf dem Inseli, die Mitte des 18. Jh. dann von den Franzosen gesprengt wurde.

Heute geht es auf dem Inseli deutlich friedlicher zu, es dient als Parkanlage, Standplatz für Angler und als Badestrand.

Was ?

Schöne Parkanlage zum Bummeln. Badeplatz für Rheinschwimmer, aber Vorsicht vor dem tödlichen St. Anna-Loch auf der Seite zu Deutschland.
Rekonstruktion einer alten Salmenwaage, einem Fischernetz für den Lachsfang.
Rest der alten Holzbrücke, der den Brand überstanden hat.

Wann ?

Jederzeit frei zugänglich.

Wo ?

Individualverkehr:
Aus D von der B34 in die Rheinbrückstraße.
Aus CH von der H3 über die Habich-Dietschy-Strasse in den Froschweid.
ÖPNV:
Bahn 730 Basel-Singen bis Station Rheinfelden, dann Stadtbus RVL 7312 bis Station „D-Zoll".

Rheinfelden (D/CH) Alte Rheinbrücke

Schon in der Römerzeit gab es an dieser Stelle eine Fährverbindung über den Rhein. Die erste Brücke aus Holz entstand vermutlich Mitte des 12. Jh. und war damit die älteste Rheinbrücke zwischen Konstanz und Straßburg. Die Mittlere Brücke in Basel wurde erst ein dreiviertel Jahrhundert später erbaut.

Begünstigt wurde dieser Brükkenbau, ebenso wie alle späteren, durch das Inseli, einer Felsformation im Rhein, die als natürlicher Brückenkopf die Errichtung der Brücke in zwei Teilen ermöglichte.

In den folgenden Jahrhunderten wurden die Holzbrücken immer wieder durch Hochwasser oder Kriege zerstört, zuletzt brannte Ende des 19. Jh. der nördliche Brückenteil. Darauf wurde dann zu Beginn des 20. Jh. eine moderne Konstruktion aus Stahlbeton errichtet, die aus optischen Gründen teilweise mit Granit und Sandstein verkleidet ist.

Die Grenze zwischen Deutschland und der Schweiz verläuft in Flußmitte. Seit einigen Jahren ist die Brücke für Autos gesperrt.

Was ?

Schöner Ausblick von der Brücke zum Salmegg am deutschen Ufer und auf die Wasserfront des Schweizerischen Rheinfelden.
Bronzeskulptur eines Mädchens mit Apfelkorb.
Zugang zum Inseli.
Spektakulärer Anblick des Rheins bei Hochwasser.

Wann ?

Jederzeit frei zugänglich.
Die Brücke ist für den Autoverkehr mit Ausnahme Linienbus und Taxi gesperrt.

Wo ?

Individualverkehr:
Aus D von der B34 in die Rheinbrückstraße.
Aus CH von der H3 über die Habich-Dietschy-Strasse in den Froschweid.
ÖPNV:
Bahn 730 Basel-Singen bis Station Rheinfelden, dann Stadtbus RVL 7312 bis Station „D-Zoll“.

15

Rheinfelden (D) Haus Salmegg

Das klassizistische Gebäude Haus Salmegg unmittelbar an der Alten Rheinbücke, die das Deutsche und Schweizer Rheinfelden verbindet, wurde zu Beginn des 19. Jh. auf den Fundamenten einer alten Befestigungsanlage errichtet.

Bauherr war Franz-Josef Dietschy aus dem Schweizer Rheinfelden, gedacht war es als Sommerhaus für seine Frau auf der sonnigen Seite des Rheins.

Nach verschiedenen Nutzungen wurde das Gebäude 1989 vorbildlich restauriert und beherbergt heute ein Trauzimmer, das Stadtmuseum, Räumlichkeiten für Wechselausstellungen sowie ein Restaurant.

Vor dem Gebäude betrauert eine bronzene Nixe ein ertrunkenes Kind, ein Bezug auf das St.-Anna-Loch, eine unmittelbar dahinter im Rhein liegende Flußbettvertiefung, deren gefährliche Wirbelbildungen schon zahlreiche Opfer gefordert haben.

Seinen Namen hat der Salmegg vom Salm, wie der Lachs früher am Rhein genannt und mit Salmwaagen gefischt wurde.

Was ?

Gebäude mit einer markanten Säulenfassade unmittelbar am Rheinufer.
Schöner Blick auf die Alte Rheinbrücke und die Rheininsel.
Bronzene Nixenskulptur.
Städtische Galerie.
Wechselausstellungen.
Trauzimmer und Dietschy-Saal.
Italienisches Restaurant.

Wann ?

Öffnungszeiten
Museum und Ausstellung:
Sa und So von 12:00 bis 17:00
Kontakt:
Kulturamt
Tel. +49-7623-95237
kulturamt@rheinfelden-baden.de
oder Verein für Kunst und Geschichte Rheinfelden e.V.
www.haus-salmegg.de

Wo ?

Rheinbrückstraße 8
D-79618 Rheinfelden
Individualverkehr:
Von der B34 oder der B136 in die Rheinbrückstraße.
ÖPNV:
Bahn 730 Basel-Singen bis Station Rheinfelden, dann Stadtbus RVL 7312 bis Station „D-Zoll".

16

Rheinfelden (D) Stadtmuseum

Das badische Rheinfelden entwickelte sich um die Wende vom 19. zum 20. Jh. durch die Ansiedlung der chemischen und elektrochemischen Industrie auf der deutschen Rheinseite, die wiederum eine Folge des Ende des 19. Jh. neu gebauten Kraftwerkes Rheinfelden war.

So vermittelt das Stadtmuseum, das sich im Dachgeschoss des Salmegg-Gebäudes befindet, die Geschichte der Industriestadt Rheinfelden, zum Beispiel durch eine Arbeiterküche aus den 20er Jahren oder ein Wohnzimmer aus den 50er Jahren des letzten Jahrhunderts. Historische Fotografien, Dokumente und Gebrauchsgegenstände vermitteln einen umfassenden Eindruck in diese Epoche.

Im Rahmen von Sonderausstellungen werden immer wieder interessante Themen behandelt und besondere Exponate ausgestellt, wie zum Beispiel die Mondsichelmadonna aus Karsau.

Was ?

Einblick in die Zeit der Industrialisierung Rheinfeldens.
Zahlreiche Exponate aus dem Alltagsleben.
Sonderaussstellungen zu interessanten Themen.

Wann ?

Öffnungszeiten:
Sa und So von 12:00 bis 17:00
Ansprechpartner:
Herr Claudius Beck
Kulturamtsleiter
+49-7623-95239
Frau Martina Schilling
Museumsverwalterin
+49-7623-95348

Wo ?

Rheinbrückstraße 8
D-79618 Rheinfelden
Individualverkehr:
Von der B34 oder der B136 in die Rheinbrückstraße.
ÖPNV:
Bahn 730 Basel-Singen bis Station Rheinfelden, dann Stadtbus RVL 7312 bis Station „D-Zoll“.

17

Rheinfelden (D) Stadtbild

Die rasche Entwicklung der jungen Industrieansiedlung am badischen Rheinufer zu einem erfolgreichen Wirtschaftsstandort mit über dreißigtausend Einwohnern begann Ende des 19. Jh. mit dem Bau des ersten großen europäischen Wasserkraftwerkes.

Heute bietet die Stadt mit ihren Ortsteilen neben einem lebendigen Stadtzentrum mit attraktiven Geschäften und spannenden Skulpturen dem Besucher auch zahlreiche interessante Sehenswürdigkeiten.

Was ?

Attraktive Geschäfte.
Spannende Skulpturen.
Salmegg und Alte Rheinbrücke.
Stadt- und Dinkelbergmuseum.
Wasserturm mit Narrenmuseum.
Schloss Beuggen.
Tschamberhöhle.
Rheinkraftwerk.

Wann ?

Tourist-Information:
+49-7623-96687-20
info@tourismus-rheinfelden.de
www.rheinfelden-baden.de
Apr bis Okt:
Mo bis Fr von 10:00 bis 18:00
Sa von 10:00 bis 13:00
Nov bis Mär:
Mo bis Fr von 10:00 bis 16:00
Sa von 10:00 bis 13:00

Wo ?

Tourist-Info:
WST-Rheinfelden (Baden) GmbH
Tourist-Information
Karl-Fürstenberg-Straße 17
D-79618 Rheinfelden (Baden)
www.tourismus-rheinfelden.de

Individualverkehr: Von der A861 über die B316. Über die B34.
ÖPNV: Bahn 730 Basel-Singen bis Station Rheinfelden (Baden).

18

Rheinfelden (D)
Narrenmuseum im Wasserturm

Der zum Ende des 19. Jh. erbaute Wasserturm versorgte mit seinen rund 360.000 Liter Fassungsvermögen weite Teile Rheinfeldens mit Trinkwasser. Dank seiner Höhe von rund 35 Metern sorgte er dabei für den nötigen Leitungsdruck.

1971 wurde der Wasserturm stillgelegt und nach einer aufwendigen Renovation dient er seit 1989 der Narrenzunft Rheinfelden mit ihren 35 Cliquen und Narrennestern und etwa 1.000 aktiven Mitgliedern als Zunftstube und seit 1993 auch als Narrenmuseum, in dem zahlreiche Symbolfiguren der Rheinfeldener Fasnacht zu bewundern sind. Deren Ursprünge gehen teilweise auf den rheinischen Karneval zurück, den Zuzügler in die nach dem Kraftwerksbau rasch wachsende Stadt mitgebracht hatten. Daher huldigten die Rheinfeldener Narren auch bis in die 70er Jahre einem Prinzenpaar, sonst eher atypisch für die Regio. Auch klingt der Narrenruf in Rheinfelden ein wenig anders als das übliche Narri-Narro: „Narro am Rhy - mir sin deby".

Was ?

Ca. 35 Meter hoher Wasserturm.
Zunftstube der Narrenzunft Rheinfelden.
Narrenmuseum mit zahlreichen Symbolfiguren der Rheinfeldner Fasnacht.
Eindrucksvolles Arrangement der Figuren und Hexen im Turmgiebel.

Wann ?

Öffnungszeiten Narrenmuseum:
Mai bis Okt. am 1. So im Monat von 10:00 bis 12:30
Gruppenführungen auch ausserhalb dieser Zeit nach Vereinbarung:
Herr Wilfried Markus
Tel. +49-7623-3611

Wo ?

Turmstraße 3
D-79618 Rheinfelden
Individualverkehr:
Von der B316 in die Alte Landstraße bis zur Ecke Turmstraße.
ÖPNV:
Bahn 730 Basel-Singen bis Station Rheinfelden, dann Stadtbus RVL 7312 bis Station „Wasserturm".

19

Rheinfelden (D/CH) Rheinuferweg

Was ?

Knapp 6 Kilometer langer Rundweg von der Alten Rheinbrücke über das Schweizer Ufer, das begehbare Kraftwerkswehr und das Deutsche Ufer zurück. Schöne Ausblicke auf die beiden Rheinfelden und die ökologischen Ausgleichsmassnahmen des Kraftwerks.
Pavillion „Kraftwerk 1898"

Wann ?

Jederzeit frei zugänglich.

Wo ?

Individualverkehr:
Das Auto im Parkhaus beim Salmegg oder auf dem deutschen bzw. Schweizer Parkplatz des Kraftwerks parken und den Rundweg dort starten.
ÖPNV:
Siehe Anreise zum Salmegg oder zum Kraftwerk Rheinfelden.

Rheinfelden (D) Pavillon „Kraftwerk 1898“

20

Das alte Rheinkraftwerk wurde Ende des 19. Jh. errichtet und war damit mit 20 Turbinensätzen das älteste große Niederdruck-Wasserkraftwerk der Welt. 2011 wurde es zurückgebaut und einige hundert Meter flußaufwärts durch ein neues Kraftwerk mit der vierfachen Leistung ersetzt.

In der Nähe des alten Standortes steht der Pavillon „Kraftwerk 1898“, der dem Besucher neben informativen Filmen eindrucksvolle Originalteile aus dem alten Kraftwerk bietet.

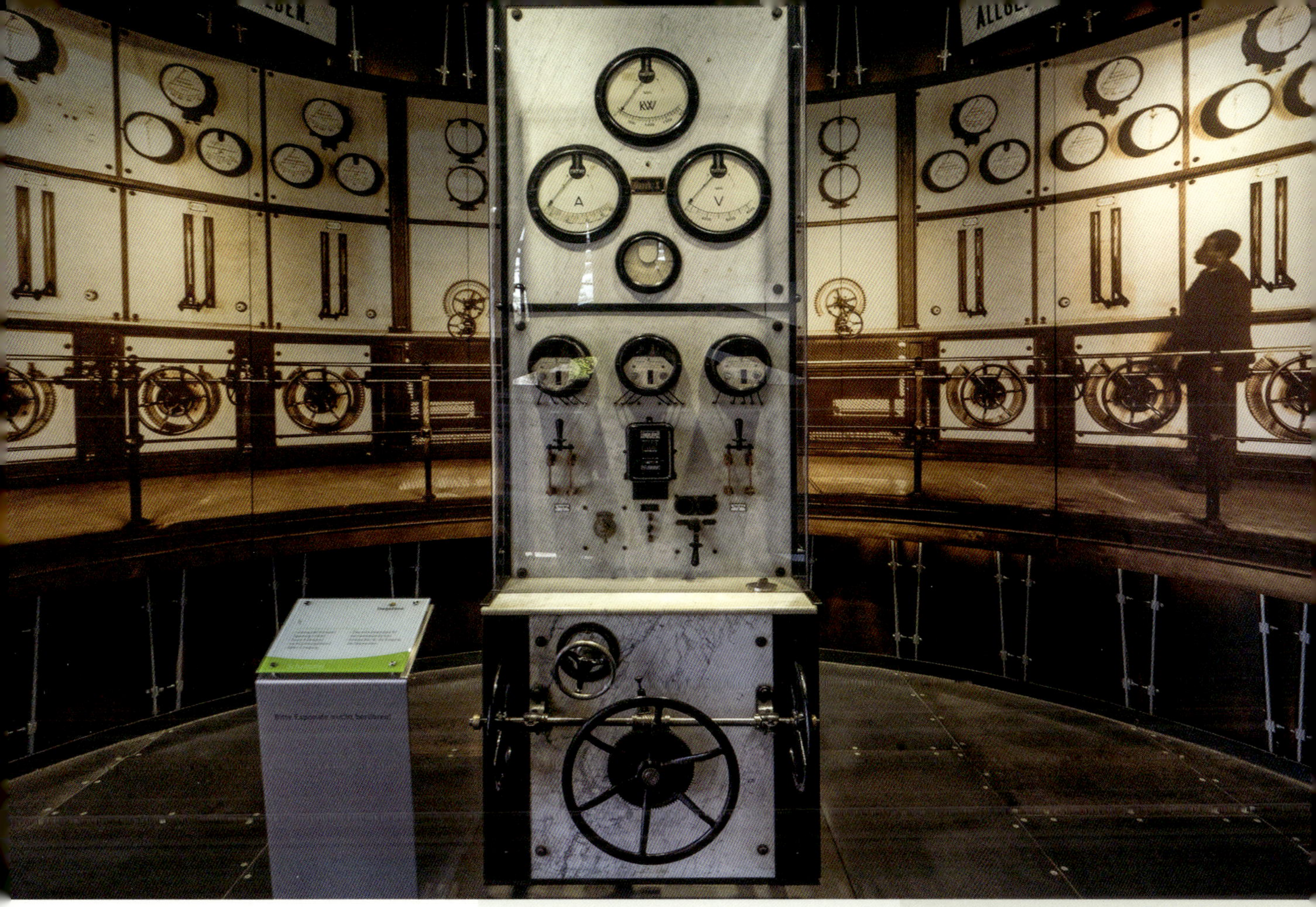

Was ?

Informative Filme.
Modell des Maschinenhauses im Maßstab 1:40
„Maschine 10“ von 1898 bestehend aus Turbinenlaufrad mit Leitapparat und Generator mit Turbinenregler.
Bedienstand.
Insgesamt ein spannendes Dokument der Technikgeschichte.

Wann ?

Öffnungszeiten:
Von Apr bis Okt
Mo bis Fr von 14:00 bis 18:00
Sa und So von 11:00 bis 18:00
Von Nov bis Mär
Mo bis Fr von 14:00 bis 16:00
Sa und So von 11:00 bis 16:00
Es finden keine Führungen statt.

Wo ?

Untere Kanalstraße
D-79618 Rheinfelden (Baden)
Eine detaillierte Anfahrtsbeschreibung aus D oder CH finden Sie unter:
www.energiedienst.de >
Stromproduktion >
Kraftwerksbesichtigungen >
Anfahrtsskizzen >
Kraftwerk Rheinfelden

Rheinfelden (D/CH) Wasserkraftwerk

21

Das neue Kraftwerk Rheinfelden wurde von 2003 bis 2010 etwa 800 Meter flußaufwärts des alten Kraftwerkes errichtet.

Die 4 doppelt regulierten Rohrturbinen liefern mit 100 MW rund die vierfache Leistung der 20 Turbinensätze des alten Kraftwerks. Mit der Jahresproduktion von 600 Millionen Kilowattstunden an Ökostrom können 170.000 Haushalte versorgt werden.

Der Neubau zeichnet sich durch umfangreiche ökologische Aufwertungsmaßnahmen aus. Dazu gehören Fischaufstiegs- und Laichgewässer in der Größe und Gestalt eines kleinen Schwarzwaldflusses.

Auch konnte beim Bau das sogenannte „Gwild" weitgehend erhalten werden, eine natürliche Felsformation flußabwärts des Kraftwerks.

Durch Kiesbänke und Flachwasserzonen ober- und unterhalb des Kraftwerks wurden natürliche Uferzonen geschaffen, die als Laich- und Ruhezonen für Fische dienen.

Was ?

Teilnahme an einer Führung durch das Maschinenhaus und über die Wehranlage.
Fuß- und Radweg zwischen D und CH mit Ausblick auf das „Gwild“ und die Fischaufstiegsgewässer.
Spaziergang am Rheinuferweg mit schönen Aussichten auf das Kraftwerk und die ökologischen Ausgleichsmaßnahmen.

Wann ?

Anmeldung zu Führungen:
www.energiedienst.de >
Stromproduktion >
Wasserkraftwerk Rheinfelden >
Besichtigungen
Einzelpersonen:
1x im Monat Mi um 13:30
Gruppenführungen:
Mo bis Do um 09:30 und 13:30
Fr um 09:30

Wo ?

Eine detaillierte Anfahrtsbeschreibung aus D oder CH finden Sie unter:
www.energiedienst.de >
Stromproduktion >
Kraftwerksbesichtigungen >
Anfahrtsskizzen >
Kraftwerk Rheinfelden

Rheinfelden (D) Schloss Beuggen

22

Mitte des 13. Jh. erhielt der Deutsche Ritterorden Beuggen als Schenkung und errichtete dort ein Wasserschloss. Die folgenden 560 Jahre bis zur Auflösung des Ordens zu Beginn des 19. Jh. diente Beuggen dem Orden als Sitz des Verwaltungsbereichs Schwaben-Elsass-Burgund.

Danach wurde das Schloss bis 1980 als Kinderheim genutzt, dann bis Ende 2016 als Tagungs- und Begegnungsstätte der Evangelischen Landeskirche. Seit 2017 befindet sich die Anlage im Privatbesitz und erhält ein neues Nutzungskonzept.

Die Anlage besteht aus einem zum Rhein hin offenen Halbkreis an Gebäuden in dessen Mittelpunkt das Alte und das Neue Schloss sowie die Mühle stehen. Vom umgebenden Wassergraben ist der südliche Teil noch erhalten.

Das Alte Schloss wurde in mehreren Bauphasen vom 13. bis zum 16. Jh. errichtet. Das vom Ende des 16. Jh. stammende Neue Schloss wurde Mitte des 18. Jh. im barocken Stil umgebaut.

Was ?

Altes Schloss
Neues Schloss
Wassergraben
Storchenturm
Oberes Tor und Torhaus
Mühle
Bogenhalle
Gästehaus und Scheune
Teehaus und Gartenanlage
Schlosskirche

Wann ?

Öffnungszeiten:
Die Anlage und das Äussere der Gebäude sind jederzeit frei zugänglich der Park ist privat.
Die Möglichkeit für Fotos, auch der Aussenanlagen, muß vor Ort geklärt werden.

Wo ?

Schloss Beuggen
D-79618 Rheinfelden (Baden)
Individualverkehr:
Von der A861 über die L143 oder von der B34 in die Straße Schloss Beuggen
ÖPNV:
Bahn 730 Basel-Singen bis Station Beuggen.

23

Rheinfelden (D) Tschamberhöhle

Die Tschamberhöhle führt den Besucher auf eine geologische Zeitreise tief in das Dinkelbergmassiv, dessen Muschelkalk seit über zwei Millionen Jahren durch einen unterirdischen Höhlenbach ausgewaschen wird.

Dieser „Schampbach", wie er wohl ursprünglich genannt wurde und der durch den alemannischen Dialekt zum Namenspatron der Höhle wurde, hat durch die Erosion ein Höhlensystem von rund 1.600 Meter Länge geschaffen. Davon sind seit dem Ende des 19. Jh. rund 600 Meter für die Besucher begehbar. Damit ist die Tschamberhöhle in Deutschland nur eine von drei Schauhöhlen im Muschelkalk.

Der Gang ist zwischen 0,8 und 2 Meter breit und stellenweise ist Bücken angesagt, Kinder sind im Vorteil. Ein Schutzhelm ist Pflicht, sonst gibt es Beulen und Schrammen. Die Belohnung für die Mühe ist ein spannender Einblick in die geologischen Formationen und am Ende der Strecke erwartet den Besucher ein imposanter unterirdischer Wasserfall.

Was ?

600 Meter lange begehbare Schauhöhle.
Beeindruckende geologische Formationen.
Unterirdischer Wasserfall und Höhlenbach.
Gute Einführung durch die ehrenamtlichen Mitarbeiter des Schwarzwaldvereins.
Informative Broschüre.

Wann ?

Öffnungszeiten: Von Apr bis Okt So und Feiert. von 13:00 bis 17:00
www.tschamberhoehle.info
Führungen außerhalb der Öffnungszeiten nach Vereinbarung:
Tourist-Information Rheinfelden
Karl-Fürstenberg-Straße 17
D-79618 Rheinfelden
Tel. +49-7623-96686-20
info@tourismus-rheinfelden.de

Wo ?

Parken beim Hotel Storchen
Brombacherstraße 3
D-79618 Rheinfelden-Riedmatt
dann der Beschilderung folgen.
Individualverkehr:
Unmittelbar an der B34 gelegen.
ÖPNV:
Mit RVL 7301 von Rheinfelden Busbahnhof nach Station „Riedmatten Storchen".

24

Rheinfelden-Minseln (D) St. Peter und Paul

Da der Ort Minseln bereits Mitte des 8. Jh. urkundlich erwähnt wurde, blickt vermutlich auch die Kirche auf eine lange Tradition in Minseln zurück. Eine Nennung der Kirche ist aber erst für die Mitte des 14. Jh. nachzuweisen.

Über den Bauplatz gab es angeblich Streit zwischen Ober- und Unterminseln und es bedurfte eines Engels, der dann zu Gunsten Unterminselns entschied. Mancher Baubürgermeister würde sich wohl so einen Engel wünschen.

Das im Dreißigjährigen Krieg beschädigte Gebäude wurde Ende des 17. Jh. durch einen Neubau ersetzt, der dann Mitte des 19. Jh. im spätbarocken Stil umgestaltet wurde.

Aus dieser Zeit stammt auch der prächtige Hauptaltar im Stil des Spätrokokos, der den Abschied von Petrus und Paulus darstellt. Die beiden Seitenaltäre vom Beginn des 19. Jh. sind dem Klassizismus zuzuordnen.

Was ?

Schöne Lage am Ortsrand inmitten des Friedhofs.
Hochaltar im Stil des Spätrokokos.
Klassizistische Seitenaltäre.
Deckengemälde im Langhaus und im Chor.

Wann ?

Öffnungszeiten:
Das Äußere und der Friedhof sind frei zugänglich.
Innen täglich von
ca. 10:30 bis ca. 17:00
Herr Elmar Döbele
Tel. +49-7623-5440
doebele@googlemail.com

Wo ?

Kirchgasse 11
D-79618 Rheinfelden-Minseln
Individualverkehr: Von der A861 oder der B34 in die Beuggener Str. (L143), von dort über Am Kalkofen und Wiesentalstr. in die Kirchgasse.
ÖPNV: Bahn 730 Basel-Singen bis Bhf. Rheinfelden. Dann mit RVL 7302 von Rheinfelden Busbahnhof bis Station „Minseln Kirchgasse".

25

Rheinfelden-Minseln(D) Dinkelbergmuseum

Der Dinkelberg, ein altes Kulturland, erstreckt sich zwischen Hochrhein, Wiesental und Wehratal. Im Gegensatz zum Schwarzwald besteht er aus Muschelkalk mit seinen typischen Erosionserscheinungen wie Dolinen und Karsthöhlen.

Das Museum im Dachgeschoss des alten Minselner Rathauses gibt mit zahlreichen Gegenständen und Gerätschaften einen guten Überblick zu Alltag, Handwerk und Landwirtschaft unserer Groß- und Urgroßeltern.

Was ?

Dauerausstellung mit zahlreichen Gegenständen zum Leben unserer Vorfahren.
Regelmäßig Sonderausstellungen mit lokalem Bezug.

Wann ?

Öffnungszeiten:
Variieren je nach Ausstellung.
Informationen:
Tel. +49-7623-798550
www.dinkelbergmuseum.de

Wo ?

Wiesentalstraße 48
D-79618 Rheinfelden-Minseln.
Individualverkehr: Von der A861 oder der B34 in die Beuggener Str. (L143), von dort über Am Kalkofen in die Wiesentalstraße.
ÖPNV: Bahn 730 Basel-Singen bis Bhf. Rheinfelden. Dann mit RVL 7302 von Rheinfelden Busbahnhof bis Station „Minseln Feuerwehrhaus“.

Wehr (D)
Stadtbild

26

Wehr wurde im Jahr 1092 erstmals urkundlich erwähnt, seit der Mitte des 14. Jh. ist es Markt und seit 1950 Stadt. Dank seiner Lage im unteren Wehratal ist Wehr ein guter Standort für die Erkundung sowohl des westlichen Hochrheins, des Dinkelbergs wie auch des südlichen Schwarzwalds.

Rund um das Zentrum mit den beiden Schlössern, der Hauptstraße mit ihren modernen Brunnen und dem Talschulplatz mit seinen Skulpturen findet der Besucher interessante Sehenswürdigkeiten.

Was ?

Ensemble aus zwei Schlössern.
Hauptstraße mit alten Staffelgiebelhäusern und modernen Brunnen.
Talschulplatz mit Skulpturen.
Stadt- und Textilmuseum.
Kirche St. Martin.
Zwei Burgruinen mit Aussicht.
Spazier- und Wanderwege.

Wann ?

Öffnungszeiten:
Jederzeit frei zugänglich.
Führungen:
Tourist-Info Wehr
Tel. +49-7762-808601
tourist-info@wehr.de

Wo ?

Das Zentrum liegt zwischen den Schlössern (Hauptstraße 16) und dem historischen Gasthaus Krone.
Individualverkehr:
Von der B518 über die Bahnstraße und den Bahnhofsplatz in die Hauptstraße.
ÖPNV:
Bahn 730 Basel-Singen, Station Wehr-Brennet, dann Bus 7335 nach Wehr Busbahnhof.

27

Wehr (D) Altes Schloss

Das dreistöckige Gebäude mit Satteldach und Treppenturm wurde in den 70er Jahren des 16. Jh. von den Freiherrn von Schönau als Wohnsitz an Stelle der Burg Werrach erbaut. Die Herren von Schönau waren von der Mitte des 14. Jh. bis Mitte des 19. Jh. die Grundherren in Wehr. Nach dem Bau des Neuen Schlosses diente es als Amtshaus, später als Mühle. In den 70er Jahren wurde es vorbildlich renoviert. Heute finden in dem Gebäude auch kulturelle Veranstaltungen statt.

Was ?

Schönes Gesamtensemble zusammen mit dem Neuen Schloss, einem kleinen Park und Skulpturen. Gelungene Kombination von renovierter Altsubstanz und einer neuen Stahl-Glas-Konstruktion. Glockenspiel um 9, 12, 15 und 19 Uhr.

Wann ?

Öffnungszeiten:
Mo bis Fr von 08:00 bis 12:00
Di von 14:00 bis 16:00
Do von 15:00 bis 18:30
Musikzimmer gegen Voranmeldung bei der Tourist-Info.
Führungen:
Tourist-Info Wehr
Tel. +49-7762-808601
tourist-info@wehr.de

Wo ?

Hauptstraße 16
D-79664 Wehr
Individualverkehr:
Von der B518 über die Bahnstraße und den Bahnhofsplatz in die Hauptstraße.
ÖPNV:
Bahn 730 Basel-Singen, Station Wehr-Brennet, dann Bus 7335 nach Wehr Busbahnhof.

28

Wehr (D) Neues Schloss

Das Neue Schloss in Wehr wurde Mitte des 18. Jh. von den Freiherren von Schönau im Stil des späten Barocks als Herrensitz erbaut.

Ende des 19. Jh. wurde das Schloss von der Adelsfamilie an die Stadt Wehr verkauft, die es seitdem als Rathaus nutzt.

Prunkstück ist das Musikzimmer, das Luigi A. Bossi in zarter Rokokostuckarbeit mit Musikmotiven ausgestattet hat. Heute dient es der Stadt als Trausaal, kann aber besichtigt werden.

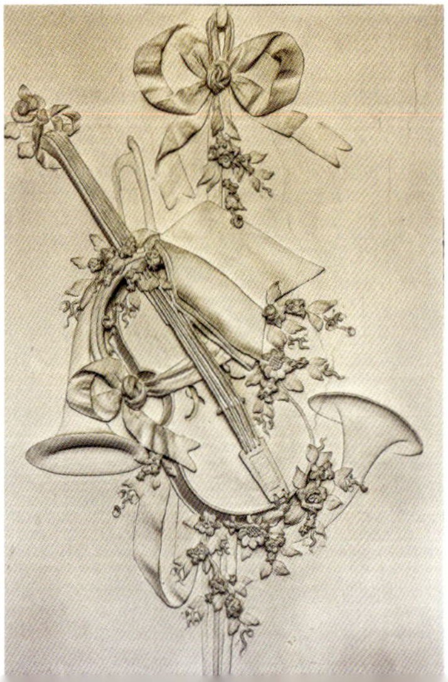

Was ?

Schönes Gesamtensemble zusammen mit dem Alten Schloss, einem kleinen Park und Skulpturen.
Wappen der Stadt Wehr über der Eingangstür.
Musikzimmer mit schönen Stuckarbeiten im Rokokostil.

Wann ?

Öffnungszeiten:
Mo bis Fr von 08:00 bis 12:00
Di von 14:00 bis 16:00
Do von 15:00 bis 18:30
Musikzimmer gegen Voranmeldung bei der Tourist-Info.
Führungen:
Tourist-Info Wehr
Tel. +49-7762-808601
tourist-info@wehr.de

Wo ?

Hauptstraße 16
D-79664 Wehr
Individualverkehr:
Von der B518 über die Bahnstraße und den Bahnhofsplatz in die Hauptstraße.
ÖPNV:
Bahn 730 Basel-Singen, Station Wehr-Brennet, dann Bus 7335 nach Wehr Busbahnhof.

Wehr (D) Stadtmuseum

Das Stadtmuseum bietet einen guten Überblick über die historische Entwicklung der Stadt vom Minnesänger und Wehrer Grundherren Walther von Klingen, der Herrschaft der Barone von Schönau, der Badischen Revolution von 1848/49 und der Verhaftung Gustav von Struves in Wehr bis hin zur Darstellung des bäuerlichen Lebens und der Industrieentwicklung.

Daneben gibt es eine Steine- und Glassammlung sowie wechselnde Ausstellungen.

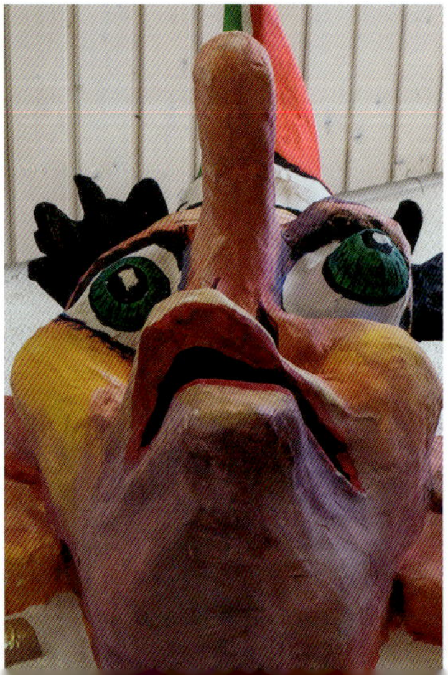

Was ?

Stadtgeschichtlicher Rundgang. Steinesammlung mit mehreren hundert Objekten.
Glassammlung über die Glaskunst im Südschwarzwald.
Wechselnde Ausstellungen zu den Themen Kunst, Kultur und Geschichte.

Wann ?

Öffnungszeiten:
Mo, Di, Do Fr von 08:00 bis 12:00
zusätzlich Di von 14:00 bis 16:00
Führungen nach Vereinbarung:
Förderkreis Stadtmuseum Wehr
info@stadtmuseum-wehr.de
Info Sonderausstellungen:
www.stadtmuseum-wehr.de
sowie Ankündigung im Mitteilungsblatt.

Wo ?

Eingang durch die Tourist-Info
Hauptstraße 16
D-79664 Wehr
Individualverkehr: Von der B518 über die Bahnstraße und den Bahnhofsplatz in die Hauptstraße.
ÖPNV: Bahn 730 Basel-Singen, Station Wehr-Brennet, dann Bus 7335 nach Wehr Busbahnhof.

30

Wehr (D) und die Musik

Die Stadt Wehr hatte immer schon ein besonderes Verhältnis zu bekannten Musikern.

In der Mitte des 13. Jh. war es Walther von Klingen, der aus einem aargauischen Adelsgeschlecht stammte und der ein großer Förderer und Gründer von Klöstern war. Als Grundherr von Wehr verkaufte er die Herrschaft vermutlich 1272 an die Habsburger, die so für mehr als 500 Jahre ein Teil Vorderösterreichs wurde.

Berühmt wurde Walther von Klingen aber durch acht Minnelieder in mittelhochdeutscher Sprache, die in den Codex Manesse aufgenommen wurden, der bekanntesten Liedersammlung des Mittelalters.

Die heutige Musikwelt wird durch die Skulptur Viola 90 repräsentiert, eine Hommage an die weltberühmte Geigerin Anne-Sophie Mutter, die, in Wehr aufgewachsen, Ehrenbürgerin der Stadt ist. Die Statue steht vor dem „Storchehus", einem Staffelgiebelhaus aus dem 16. Jh.

Was ?

Brunnenstatue des Walther von Klingen.
Skulptur Viola 90 als Hommage an die Geigerin Anne-Sophie Mutter.
„Storchehus" aus dem 16. Jh.

Wann ?

Öffnungszeiten:
Jederzeit frei zugänglich.
Führungen:
Tourist-Info Wehr
Tel. +49-7762-808601
tourist-info@wehr.de

Wo ?

Walther von Klingen
Hauptstraße 16
Viola 90
Hauptstraße 52
Individualverkehr: Von der B518 über die Bahnstraße und den Bahnhofsplatz in die Hauptstraße.
ÖPNV: Bahn 730 Basel-Singen, Station Wehr-Brennet, dann Bus 7335 nach Wehr Busbahnhof.

Wehr (D) Textilmuseum Brennet

31

Das Areal, auf dem sich das Textilmuseum befindet, hat eine lange Tradition als Industriestandort. Bereits im Mittelalter stand hier ein Hammerwerk, seit dem 18. Jh. mit industrieller Produktion. Als diese dann Mitte des 19. Jh. nicht mehr konkurrenzfähig war, wurde es durch eine Weberei mit mechanischen Webmaschinen ersetzt. Ende des 19. Jh. wurde das Werk von der Brennet AG, einer mechanischen Buntweberei, übernommen, die an diesem Standort bis vor wenigen Jahren Textilien produzierte.

Das Textilmuseum gibt eine umfassende Übersicht über die Historie der Textilproduktion in der Hochrheinregion, insbesondere über die Geschichte der Brennet AG und ihrer Besitzerfamilie Denk, die das Unternehmen über vier Generationen geleitet hat. Das in den Räumen des ehemaligen Herren- und des Laborantenhauses untergebrachte Museum bietet auf rund tausend Quadratmetern in einer anschaulichen Präsentation eine beeindruckende Fülle an Exponaten.

Was ?

Im Herrenhaus die Geschichte der Textilindustrie am Hochrhein, Exponate alter Webmaschinen und Szenen zum Leben und Wohnen. Im Laborantenhaus wird über vier Stockwerke das unternehmerische Wirken der vier Generationen der Familie Denk dargestellt.

Wann ?

Öffnungszeiten:
Jeden 2. und 4. So im Monat
von 14:00 bis 17:00
Führungen für Gruppen:
gegen Voranmeldung beim
Kultur- und Verkehrsamt
tourist-info@wehr.de
museum@brennet.de

Wo ?

Brennet Textilmuseum
Im Hammer 2
D-79664 Wehr
Individualverkehr:
Von der B518 über die Bahnstraße und den Bahnhofsplatz in die Hauptstraße bis Schopfheimerstr.
ÖPNV:
Bahn 730 Basel-Singen, Station Wehr-Brennet, dann Bus 7335 nach Wehr Busbahnhof.

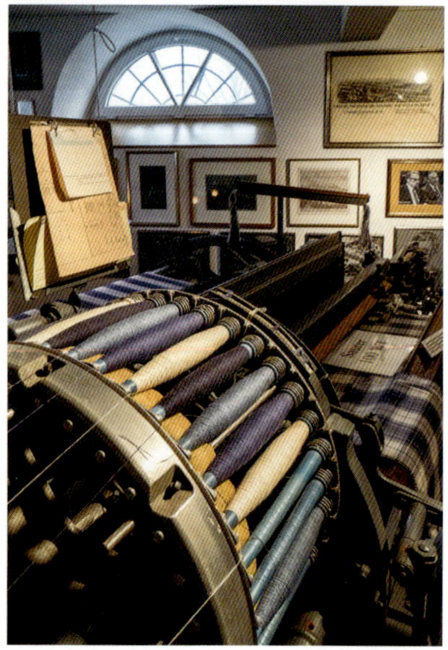

32

Wehr (D) St. Martin

Eine Kirche an dieser Stelle wurde bereits Mitte des 13. Jh. erwähnt. Der heutige Bau stammt aus der zweiten Hälfte des 18. Jh., wurde seitdem jedoch mehrfach umgebaut.

Die Ausstattung der Kirche mit Seitenaltären und Deckengemälden ist spätbarock und frühklassizistisch.

Sehenswert ist auch der großzügige und parkähnlich angelegte Friedhof, der die Kirche allseitig umgibt.

Was ?

Schöne Lage inmitten eines parkähnlich angelegten Friedhofs. Lohnender Spaziergang über den Friedhof.
Frühklassizistische Deckengemälde. Zahlreiche Seitenaltäre im Stil des späten Barocks. Grabsteine der von Schönau.

Wann ?

Öffnungszeiten:
Ganztägig geöffnet
Informationen:
Kath. Pfarrbüro Wehr
Tel. +49-7762-5221-0
info@seelsorgeeinheit-wehr.de
Di bis Fr von 08:30 bis 11:30
Do von 16:30 bis 18:30
www.seelsorgeeinheit-wehr.de

Wo ?

Kirchplatz 1
D-79664 Wehr
Individualverkehr:
Von der B518 über die Dossenbacher-Straße auf den Kirchplatz.
ÖPNV:
Bahn 730 Basel-Singen, Station Wehr-Brennet, dann Bus 7335 nach Wehr Kirchplatz.

33

Wehr (D)
Ruine Werrach und Sagenpfad

Das Schlössle, wie die Burgruine Werrach auch genannt wird, wurde erstmals zum Ende des 11. Jh. erwähnt. Ab der Mitte des 13. Jh. war sie im Besitz der Herren von Klingen. Später wechselten die Besitzer mehrfach, bis die Anlage dann im 16. Jh. aufgegeben wurde, da es sich im neu errichteten Alten Schloss wesentlich komfortabler lebte.

Rund um die Burgruine führt ein Sagenpfad, der den Aufstieg auch für Kinder zu einem unterhaltsamen Erlebnis macht.

Was ?

Sagenpfad, der auf 13 Stationen die schönsten Sagen aus dem Wehratal erzählt und auf bunten Stahlreliefs darstellt.
Reste einer Burganlage von rund 50 mal 25 Meter mit bis zu 6 Meter hohen und 2,5 Meter starken Mauern. Der malerische Wald und der Sagenpfad stimmen den Besucher auf Gnome und Elfen ein.

Wann ?

Öffnungszeiten:
Jederzeit frei zugänglich.
Führungen:
Tourist-Info Wehr
Tel. +49-7762-808601
tourist-info@wehr.de

Wo ?

Individualverkehr:
Von der B518 über die Bahnstraße und den Bahnhofsplatz in die Hauptstraße, dann über die Ackerrain- und Meierhofstr. in die Schlossstrasse.
ÖPNV:
Bahn 730 Basel-Singen, Station Wehr-Brennet, dann Bus 7335 nach Wehr Busbahnhof.

34

Wehr (D) Kavernenkraftwerk

Die Schluchseewerk AG erzeugt mit ihren fünf Kraftwerken pro Jahr rund 2,2 Milliarden Kilowattstunden Strom, das entspricht dem Jahresverbrauch von über 600.000 Haushalten.

Eines dieser Kraftwerke ist das Anfang der 70er Jahre erbaute Pumpspeicherkraftwerk Wehr, das zusammen mit dem Pumpspeicherkraftwerk Säckingen die Hotzenwaldgruppe bildet.

Herzstück des Pumpspeicherkraftwerks ist die rund 150.000 Kubikmeter große Felskaverne sowie die beiden Ober- und Unterbecken, die jeweils mehr als 4 Millionen Kubikmeter Wasser fassen, ein rund 1,4 Kilometer langer Druckschacht und ein 1,5 Kilometer langer Unterwasserstollen. Erschlossen werden die unterirdischen Anlagen über einen 1,3 Kilometer langen Zufahrtsstollen.

Was ?

Malerisch im Wehratal gelegenes Unterbecken.
Zugangsstollen mit Portal und Spritzbetonauskleidung.
Imposante Maschinenkaverne mit eindrucksvollen Turbinen, Generatoren und Pumpen.
Schautafeln zur Funktion.

Wann ?

Für **Einzelbesucher** gibt es öffentliche Besichtigungszeiten.
Führungen für Gruppen sind gegen Voranmeldung möglich.
Informationen und Voranmeldungen über die Homepage
www.schluchseewerk.de
Tel. +49-7763-9278-80912
besichtigungen@schluchseewerk.de

Wo ?

Kraftwerk Wehr
Todtmooserstraße 154
D-79664 Wehr
Individualverkehr:
Vom Zentrum in Wehr ca. 3,5 km über die Todtmooserstrasse (L 148) bis zum Wehrabecken.
ÖPNV:
Mit wtv 7320 von Wehr Busbahnhof bis Station „Hornberger Weg, Kraftwerk".

Pumpspeicherkraftwerke wie das in Wehr sind eine wesentliche Voraussetzung für das Gelingen der Energiewende, denn sie erzeugen nicht nur ökologischen Strom aus Wasserkraft, sie können durch ihre Funktionsweise auch die starken Schwankungen bei der Produktion von Solar- und Windenergie ausgleichen und kompensieren damit den größten Nachteil dieser Energiearten.

Bei einer Überproduktion an Strom wird die überschüssige Energie genutzt, um Wasser ins Oberbecken zu pumpen. Bei zusätzlichem Strombedarf wird dieses Wasser dann über den Druckstollen in das 700 Meter tiefer gelegene Kavernenkraftwerk mit seinen 4 Francisturbinen geleitet, die dann Generatoren mit einer Gesamtleistung von über 900 Megawatt antreiben.

Mit dem so erzeugten Strom können fast eine Million Menschen mit Energie versorgt werden. Damit war das Kavernenkraftwerk Wehr bis zur Wiedervereinigung das größte deutsche Pumpspeicherkraftwerk und leistet heute einen wichtigen Beitrag zur Energiewende.

ABB
LAVIS
SIEMENS
VOITH

SIEMENS
VOITH

35

Wehr (D) Wanderwege

Wehr bietet sowohl auf dem östlich gelegenen Dinkelberg mit seinen Karstphänomenen wie auch auf dem westlich gelegenen Hotzenwald wunderschöne Wandermöglichkeiten und das dazwischen liegende Wehratal ist mit seiner spektakulären Schlucht zwischen Wehr und Todmoos zu allen Jahreszeiten ein ganz besonderes Naturerlebnis. So wurde der Schluchtensteig durch das Wehratal im Jahr 2011 als der schönste Fernwanderweg Deutschlands ausgezeichnet.

Was ?

Wehratal Erlebnispfad mit mehr als 30 Stationen.
Sagenpfad zur Ruine Werrach.
Kreuzweg am Humbel in Öflingen.
Erdmannsweg zur Erdmannshöhle.
Schluchtensteig zwischen Wehr und Todmoos. Weg zur **Ruine Bärenfels** mit ihrem 16 Meter hohen und gut erhaltenen Bergfried.
Rundwanderweg Wehraschlucht.

Wann ?

Jederzeit frei zugänglich und zu allen Jahreszeiten ein Naturerlebnis.

Wo ?

Infos zu den Wanderwegen:
Tourist-Info Wehr
Hauptstraße 14
D-79664 Wehr
Tel. +49-7762-808-601
tourist-info@wehr.de
www.wehr.de

Rickenbach (D) Golfclub

36

Der Golfclub Rickenbach e.V. wurde 1979 gegründet und zählt damit zu den ältesten Golfanlagen der Regio. Die 18-Loch Anlage fügt sich schön in das Landschaftsbild des Hotzenwaldes ein und ist wegen der Höhenunterschiede abwechslungsreich und sportlich anspruchsvoll. Die gut ausgebauten Cartwege erlauben aber auch älteren Spielern eine unbeschwerte Runde mit traumhaften Ausblicken bis zu den schneebedeckten Schweizer Alpen. Für Loch 19 gibt es ein gemütliches Restaurant.

Was ?

Eine der ältesten Golfanlagen der Regio. Sehr gepflegter 18-Loch Platz. Sportlich anspruchsvoll. Dank guter Cartwege auch für ältere Spieler geeignet.
Schöne Landschaftsbilder des Hotzenwaldes.
Von den höher gelegenen Bahnen toller Ausblick auf die Schweizer Alpen.

Wann ?

Öffnungszeiten Club:
Witterungsabhängig.
Anfragen unter:
Tel. +49-7765-777
info@golfclub-rickenbach.de
www.golfclub-rickenbach.de
Öffnungszeiten Restaurant:
Montag Ruhetag
Tel. +49-7765-543

Wo ?

Golfclub Rickenbach e.V.
Hennematt 20
79736 Rickenbach
Individualverkehr: Über die B317 Lörrach-Schopfheim. In Schopfheim über die L155 und L152 über Wehr nach Rickenbach. Von Laufenburg über die L151. Der Golfplatz liegt an der L151 am Ortsausgang Rickenbach Richtung Herrischried.

Bad Säckingen-Wallbach (D) Müllmuseum

Was ?

Als der Planierraupenfahrer Erich Thomann 1975 begann, Fundstücke aus der Deponie „Lachengraben" zu retten und zu Hause aufzustellen, ahnte er wohl nicht, was sich daraus einmal entwickeln würde. Heute zeigt das Museum auf drei verwinkelten Stockwerken eine umfassende Nostalgieschau, die den Besucher nur staunen läßt.

Wann ?

Öffnungszeiten:
Do von 15:00 bis 17:00
So von 14:00 bis 17:00
oder nach Vereinbarung:
Tel. +49-7761-4325
karl.thomann@web.de
Cafè:
Das kleine Cafè bietet Kaffee und Kuchen zu den Museumsöffnungszeiten.

Wo ?

Familie Thomann
Hauptstraße 162
D-79713 Bad Säckingen-Wallbach
Individualverkehr:
Von der B34 in die Hauptstraße.
ÖPNV:
Bahn 730 Basel-Singen bis Station Bad Säckingen, vom Bahnhofsplatz mit SBG-Bus 7335 bis Station Wallbach-Bündtenstraße.

38

Bad Säckingen (D) Münsterplatz

Rund um das im 7.Jh. vom hl. Fridolin gegründete Münster liegt der Münsterplatz. Dieser war nicht nur der Ursprung der Stadt Säckingen sondern ist immer noch der lebendige Mittelpunkt der Stadt mit ihren rund 17.000 Einwohnern, und das nicht nur an den Wochenmärkten. Neben dem Münster sind weitere historische Bauwerke wie die Gaststätte „Fuchshöhle", der Alte Hof, das Rathaus und das Stiftsgebäude einen Besuch wert. Cafès und Restaurants laden zur Rast ein.

Was ?

Einmal rund ums Münster.
Alter Hof, Rathaus und Stiftsgebäude. Wochenmarkt.

Rast in der historischen Fuchshöhle oder einem der anderen Restaurants und Cafès.

Wann ?

Jederzeit frei zugänglich.
Wochenmarkt Mi und Sa
von 07:00 bis 12:00

Wo ?

Individualverkehr:
Von der B34 in die Bergseestraße oder Scheffelstraße und dann Parkhaus/Parkplatz. Der Münsterplatz und die Innenstadt bis zum Rheinufer sind Fußgängerzone.
ÖPNV: Bahn 730 Basel-Singen bis Station Bad Säckingen, vom Bahnhofsplatz über die Waldshuter Straße und die Steinbrückstraße auf den Münsterplatz.

Bad Säckingen (D) St. Fridolinsmünster

39

Im 7. Jh. gründete der hl. Fridolin, ob aus Irland oder Poitiers kommend ist strittig, auf einer Rheininsel ein Doppelkloster. Das Männerkloster wurde bereits Mitte des 15. Jh. aufgehoben, die Damen waren durchsetzungsfreudiger, und so entwickelte sich das Damenstift zum Zentrum eines regionalen Klosterstaates mit Besitzungen bis hin zum Kanton Glarus. Anfang des 19. Jh. wurde das Kloster, wie viele andere, säkularisiert, das Münster aber hatte Bestand.

Das heutige Bauwerk geht auf einen gotischen Neubau aus der Mitte des 14. Jh. zurück, der Vorgängerbauten ersetzte. Nach umfangreicher Barockisierung im 16. Jahrhundert in Folge mehrerer Brände gilt das Münster heute als das bedeutendste barocke Bauwerk der Region. Beeindruckend sind die Kombination aus gotischer Bausubstanz mit den schweren Stuckaturen in den beiden Oktogonkapellen und den Rokokoausschmückungen in den Schiffen.

Was ?

Kanzelträger Samson.
Oktogonkapellen mit Stuckdecken.
Rokokoausstattung in den Schiffen.
Deckenfresken im Langhaus.
Krypta aus dem 10./11. Jh..
Schatzkammer und Fridolinsschrein. Lohnenswerte Aussen-Umrundung des Bauwerks.

Wann ?

Öffnungszeiten:
Tagsüber geöffnet
von 07:30 bis 18:00
Informationen:
Katholisches Pfarramt
Münsterplatz 8
D-79713 Bad Säckingen
Tel. +49-7761-56819-0

Wo ?

Das Fridolinsmünster steht, un übersehbar, im Zentrum von Bad Säckingen inmitten der Fußgängerzone. Das Hauptportal und der Zugang befinden sich am Münsterplatz.

ÆTERAM ANIMÆ
TRANQVILLITATEM
PAR
DOMs FRANCISCVS WERNERs KIRCHOFER
ET DÑA MARIA VRSVLA DE SCHÖNAVW
ILLE
ISTA
DEO VIVANT

Einer Legende zufolge erweckte der hl. Fridolin den toten Urso, um ihn als Zeuge vor Gericht zu rufen. Entsprechend wird der hl. Fridolin, dargestellt als Benediktiner mit Amtsstab, von Urso in der Gestalt eines Skelettes begleitet. Das Pärchen steht über dem Hauptportal und zur näheren Betrachtung auch an der Rückseite des Münsters.

Dort befindet sich auch das Grabmal von Franz Werner Kirchhofer, dem berühmten Trompeter von Säckingen, der durch das gleichnamige Buch von Joseph Victor von Scheffel weltberühmt wurde.

40

Bad Säckingen (D) Rheinbrückstraße

Die Rheinbrückstraße ist die Hauptgeschäftsstraße der Stadt mit vielen Cafès und Restaurants. Sie führt vom Hallwyler Hof an der Alten Brücke, einem um 1600 errichteten Gebäude der Deutschordensritterkommende Beuggen, vorbei an einem Rokoko-Haus mit Marienbildnis aus der Mitte des 18. Jh. und dem ehemaligen Wohnhaus des Trompeters von Säckingen mit seinem Polygonerker, bis zum Narrenbrunnen des Bildhauers Leonhard Eder.

Was ?

Flanieren Sie durch die Hauptgeschäftsstraße.
Versäumen Sie dabei nicht die historischen Sehenswürdigkeiten und die kleinen Hingucker.
Erholen Sie sich im Cafè oder Restaurant.

Wann ?

Jederzeit frei zugänglich.

Wo ?

Die Rheinbrückstraße führt von der Alten Rheinbrücke vorbei am Münsterplatz bis zum Spitalplatz.

41

Bad Säckingen (D) Alte Rheinbrücke

Das historische Säckingen lag auf einer Rheininsel zwischen zwei Rheinarmen - der nördliche davon wurde 1830 zugeschüttet, sein Verlauf ist aber in Google-Earth immer noch gut zu erkennen - und benötigte daher zwei Brücken.

Die erste schriftliche Erwähnung der Brücken stammt aus der zweiten Hälfte des 13. Jh., das mag daran liegen, dass alle älteren Urkunden bei einem Stadtbrand vernichtet wurden.

Da die hölzernen Brücken immer wieder durch Hochwasser zerstört wurden, entschloss man sich gegen Ende des 16. Jh. die hölzernen Pfahljoche durch Steinpfeiler zu ersetzen. Danach blieb die Brücke zwar von schweren Hochwasserschäden verschont, aber Kriege sorgten immer wieder für Beschädigungen.

An der Wende vom 18. zum 19. Jh. wurde der hölzerne Überbau durch den Laufener Zimmermann Blasius Baldischwiler in drei Bauphasen zur heutigen Brücke umgebaut.

Was ?

Schöner Blick auf die Brücke vom deutschen Rheinuferweg.
Spaziergang zwischen Deutschland und der Schweiz.
Altes Zollhaus am Schweizer Brückenkopf.
Statue des Brückenheiligen Nepomuk in einer Nische.
Schautafeln mit Plänen und Erläuterungen zur Baugeschichte.

Wann ?

Jederzeit frei zugänglich.

Wo ?

Zugang von deutscher Seite über den Münsterplatz und die Rheinbrückstraße.
Von der schweizer Seite über die Schönaustrasse und die Rheinbrückstrasse.

42

Bad Säckingen (D) Gallusturm

Nachdem das damals noch auf einer Rheininsel liegende Säckingen Mitte des 14. Jh. von einer Flutkatastrophe heimgesucht worden war beschloss die Stadt, an der stromaufwärts gelegenen Spitze der Insel einen wuchtigen Turm mit meterdicken Wänden als Wellenbrecher zu errichten, der aber auch als Befestigungsanlage genutzt wurde. Infolge der Aufschüttung des nördlichen Rheinarms verlor der Turm 1830 seine Wellenbrecherfunktion. Seit 1973 dient er der Säckinger Narrenzunft als „Bollwerk gegen Trübsal".

Was ?

Eindrucksvoller Turm mit meterdickem Steinmauerwerk.
Schöner Blick auf das Rheinkraftwerk und die alte Holzbrücke.
Brunnen mit der Statue des hl. Gallus, einem irischen Missionar aus dem 7. Jh., der angeblich einen Bären gezähmt hat und der daher sein treuer Statuenbegleiter wurde. Steintafel der Narrenzunft.

Wann ?

Außen jederzeit frei zugänglich.

Wo ?

Vom Münsterplatz über die Rückseite des Münsters und die Rheinallee.

Bad Säckingen (D) Schloss Schönau

43

Das auch als„Trompeterschloss“ bekannte Gebäude wurde Mitte des 17. Jh. erbaut und in der zweiten Hälfte des selben Jahrhunderts barockisiert.

Die Trompeterstatue auf dem Brunnen sowie der „Kleine Trompeter“ am Treppenaufgang erinnern an die Geschichte vom Trompeter von Säckingen, dem Joseph Victor von Scheffel in seinem Buch ein Denkmal gesetzt hat. Sein Denkmal findet sich im Schlosspark etwas versteckt unter Bäumen.

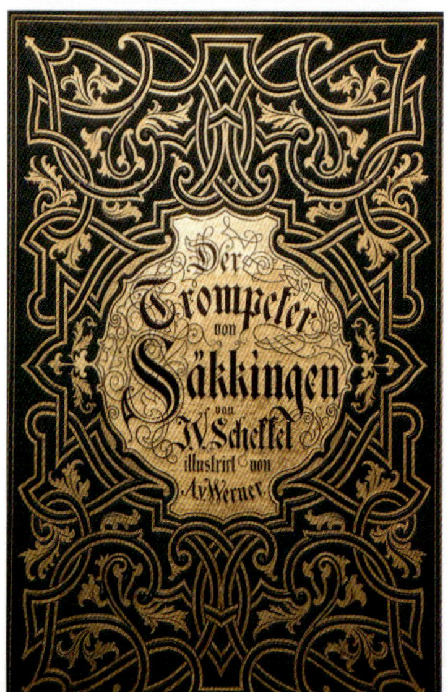

Was ?

Spaziergänge durch die schöne und weitläufige Parkanlage.
Der „Kleine Trompeter".
Denkmal für Joseph Victor von Scheffel.
Trompetenwerkstatt am Eingang.
Frühgeschichtemuseum.
Stadtmuseum.
Trompetenmuseum.
Kleines Teehaus.

Wann ?

Der Park ist jederzeit frei zugänglich.
Das Gebäude und die Museen
ganzjährig Do und So
von 14:00 bis 17:00
von Apr bis Okt zusätzlich
Fr von 14:00 bis 17:00 und
Sa von 09:00 bis 13:00
Führungen nach Vereinbarung:
Tel. +49-7761-2217
deklerski@bad-saeckingen.de

Wo ?

Der Schlosspark liegt zwischen Rheinuferweg, Aufriedhof, Austraße, Tanzenplatz (Haupteingang) und Schönaugasse am westlichen Rand der Fußgängerzone.

44

Bad Säckingen (D) Trompetenmuseum

Das Museum gibt einen umfassenden Überblick zur Entwicklung der Trompete während der letzten Jahrhunderte, beginnend mit einer Naturtrompete von der Mitte des 17. Jh.. Aber auch skurrile Exponate wie eine Trompete aus Glas oder das wohl älteste noch blasbare Alphorn der Schweiz haben in dem Museum ihren Platz gefunden, ebenso wie die Trompeten zahlreicher bekannter Künstler. Daneben gibt es noch zahlreiche Bilder, Miniaturen und Stiche zum Thema.

Was ?

Entwicklung der Trompete seit dem 17. Jh. am Beispiel zahlreicher Exponate.
Ältestes noch blasbares Alphorn der Schweiz.
Trompeten berühmter Künstler.
Musikbeispiele zum Anhören.

Wann ?

Öffnungszeiten:
ganzjährig Do und So
von14:00 bis 17:00
von Apr bis Okt zusätzlich
Fr von 14:00 bis 17:00 und
Sa von 09:00 bis 13:00
Einlass bis 45 Minuten vor Ende.
Führungen nach Vereinbarung:
Tel. +49-7761-2217
deklerski@bad-saeckingen.de
www.trompetenmuseum.de

Wo ?

Im Schloss Schönau.
1. Obergeschoss.

Bad Säckingen (D) Teehäuschen und Diebsturm

45

Das Teehäuschen am Rheinufer des Parkes von Schloss Schönau wurde zu Beginn des 18. Jh. im barocken Stil errichtet. Die Deckenfresken zeigen Szenen aus der griechischen Mythologie und stammen von Francesco Antonio Giorgioli, der auch an der Ausschmückung des Münsters beteiligt war.

Der unmittelbar daneben stehende Diebsturm war der südlichste Teil der mittelalterlichen Befestigung und wurde Mitte des 19. Jh. im neugotischen Stil umgebaut.

Was ?

Rast und Erholung im Cafè des Teehäuschen`s.
Bei schlechtem Wetter unter dem barocken Deckenfresko.
Bei schönem Wetter auf der Terrasse mit Rheinblick.
Der Diebsturm kann für Trauungen und Feste gemietet werden.

Wann ?

Öffnungszeiten Cafè:
Von Mär bis Sep
von 10:00 bis 22:00
je nach Witterung

Wo ?

Schlosspark Cafè
Im Schlosspark
D-79713 Bad Säckingen
Tel. +49-162-4417382
Diebsturm:
Tourismus- und Kulturamt
Waldshuter Str. 20
D-79713 Bad Säckingen
Fr. Elisabeth Jacobi
Tel. +49-7761-5683-25
jacobi@badsaeckingen.de

Bad Säckingen (D)
Au-Friedhof

Was ?

Der unmittelbar an den Schlosspark angrenzende Au-Friedhof wurde von Beginn des 19. Jh. bis zur Mitte des 20. Jh. als städtischer Friedhof genutzt, heute steht er unter Denkmalschutz.
Sehr stimmungsvoll, insbesondere bei trübem Wetter.

Wann ?

Öffnungszeiten:
Ganzjährig täglich von 07:00 bis zum Einbruch der Dunkelheit.

Wo ?

Der Friedhof grenzt an die Westseite des Schlossparks und an den Rheinuferweg.
Der Haupteingang befindet sich an der Austraße. Ein Seiteneingang im Schlosspark in der Nähe des Teehäuschens.

Bad Säckingen (D) Schifffahrt auf dem Rhein

Was ?

Rund zweistündige Rundfahrt mit dem „Trompeter von Säckingen“ von Bad Säckingen bis Schwörstadt und zurück durch das Auengebiet der Wehramündung und vorbei an Schloss Schwörstadt.

Wann ?

Die Fahrten erfolgen von Ostern bis Anfang Oktober.
Fahrplaninformationen:
Personenschifffahrt Bad Säckingen
Johann-Peter Michlmayer
www.trompeter-schiff.de
Tel. +49-7761-4441
Mob. +49-171-6840346
info@trompeter-schiff.de

Wo ?

Die Anlegestelle in Bad Säckingen befindet sich unterhalb des Schlossparks bei der Terrasse des Teehäuschens.

48

Bad Säckingen (D)
Villa Berberich

Was ?

Fabrikantenvilla aus der zweiten Hälfte des 19. Jh..
Heute als Kulturhaus genutzt.
Wechselausstellungen im 1. Stock.
Seminarräume im 2. Stock.
Gemütliches Cafè im Erdgeschoss.
Mineralienmuseum und Werkstatt im Untergeschoss.
Schöne Parkanlage mit Teich und Spazierwegen.

Wann ?

Öffnungszeiten Cafè:
Mo, Mi, Do, Sa und So
von 11:30 bis 18:00.
Öffnungszeiten Wechselausstellungen:
Tel. +49-7761-5683-0
www.bad-saeckingen.de

Wo ?

Villa Berberich
Parkstraße 1
D-79713 Bad Säckingen
Individualverkehr:
Von der B34 über Untere Flüh und Wielandstr. in die Parkstr..
ÖPNV: Bahn 730 Basel-Singen bis Station Bad Säckingen, vom Bahnhofsplatz mit City-Bus Linie 2 bis Station Schwarzer Weg.

Bad Säckingen (D) AQUALON-Therme

49

Seit über tausend Jahren wird das Mineral-Thermalwasser der Badquelle in Bad Säckingen genutzt. Das Wasser steigt aus 200 Meter Tiefe aus dem Granit auf. Eine erste Heilwasseranalyse wurde bereits zu Beginn des 18. Jh. erstellt. 1986 wurde dann in 600 Meter Tiefe die Fridolinsquelle erschlossen, deren noch wesentlich höhere Mineralisation zusätzliche therapeutische Möglichkeiten eröffnete.

Mit Temperaturen von 28 bis 34 Grad Celsius erwartet den Gast heute das mineralische Wasser der Aqualon Therme in Bad Säckingen am Hochrhein. Es stehen insgesamt sechs Becken mit ca. 1.000 Quadratmetern Wasserfläche zum Schwimmen, Entspannen und Wohlfühlen zur Verfügung.

Im Außenbereich befindet sich ein am Abend wunderschön illuminiertes Thermalbecken sowie ein textiler- und ein textilfreier Bereich mit 2 Naturpools und großzügigen Ruhe- und Relaxzonen.

In der Saunawelt der Aqualon-Therme können Sie vorzüglich dem Alltag entfliehen und Ruhe genießen. Fünf Themen-Saunen, darunter eine Textilsauna, laden zum Schwitzen und Entspannen ein.

Ein besonderes Highlight ist der PRIVATE SPA in der Aqualon Therme. Hier genießen Sie Ihre ganz persönliche Wellness Behandlung in modernen und ansprechend gestalteten Räumen.

Im Fitness Plus stehen auf 1.000 Quadratmetern zahlreiche Geräte zum Trainieren zur Verfügung.

Was ?

Schwimmen und Entspannen Sie im Thermalwasser der Bad- oder Fridolinsquelle. Für Saunaliebhaber steht ein umfangreiches Angebot an Themensaunen mit schönen Liegewiesen zur Verfügung, wahlweise mit oder ohne Textilien. Für Verwöhnungsbedürftige gibt es ein reichhaltiges und exklusives Wellnesangebot.

Wann ?

Therme: www.aqualon.de
Mo bis Do von 09:00 bis 22:00
Fr und Sa von 09:00 bis 23:00
So + Feiert von 09:00 bis 22:00
Tel. +49-7761-56080
Fitnessclub: www.fitnessplus-bs.de
Mo bis Fr von 08:00 bis 22:00
Sa und So von 09:00 bis 18:00
Tel. +49-7761-560886

Wo ?

Bergseestraße 59
D-79713 Bad Säckingen
Individualverkehr: Von der B34 über die Rippolinger Straße (L152) und die Eggbergstraße in die Bergstraße.
ÖPNV: Mit Bahn 730 Basel-Singen bis Bad Säckingen, dann Citybus Linie 1 vom Bhf. bis Lohgerbe, dann Linie 2 bis Station Aqualon-Therme.

50

Bad Säckingen (D) Kavernenkraftwerk

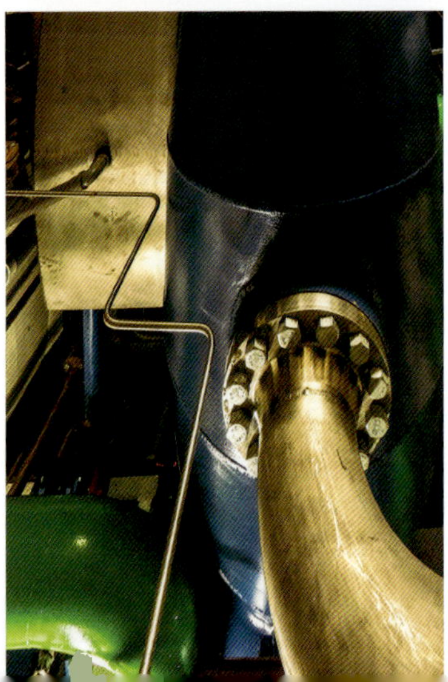

Das zur Hotzenwaldgruppe der Schluchseewerk AG gehörende Kraftwerk Säckingen wurde Mitte der 60er Jahre gebaut und ist damit das älteste deutsche Pumpspeicherkraftwerk in Kavernenbauweise.

Die beeindruckende Maschinenkaverne mit rund 160 Meter Länge, 23 Meter Breite und 33 Meter Höhe erreicht man durch einen 1,5 Kilometer langen Zufahrtsstollen. In ihr stehen die vier Francisturbinen, die Generatoren mit einer Gesamtleistung von 360 Megawatt sowie die Pumpen für den Speicherbetrieb.

Gespeist werden die Turbinen über einen senkrechten Druckschacht mit 4,3 Meter Durchmesser aus dem 400 Meter über der Kaverne liegenden Eggbergbecken.

Die zahlreichen Tunnel, Stollen und Schächte rund um die Kaverne vermitteln noch heute ein eindrucksvolles Bild von den umfangreichen Untertagebauarbeiten, die für dieses Kraftwerk erforderlich waren.

Was ?

1,5 Kilometer langer Zufahrtsstollen zur Einstimmung.
Imposante Maschinenkaverne mit rund 125.000 Kubikmetern Hohlraum.
Spannender Einblick in die Welt des Untertagebaus mit seinen Tunnel, Stollen und Schächten.
Blick auf die mächtige Druckrohrleitung am Schachtfuß.

Wann ?

Für **Einzelbesucher** gibt es öffentliche Besichtigungszeiten.
Führungen für Gruppen sind gegen Voranmeldung möglich.
Informationen und Voranmeldungen über die Homepage
www.schluchseewerk.de
Tel. +49-7763-9278-80912
besichtigungen@schluchseewerk.de

Wo ?

Kraftwerk Säckingen
Stollenweg 2
D-79713 Bad Säckingen
Individualverkehr:
Von der B34 über die Bergsee- und Rippolinger Strasse (L152).
ÖPNV:
Mit SBG 7328 von Bad Säckingen Busbahnhof bis Station „Waldbad Richtung Rippolingen".

ESCHER WYSS

Kapitel II

Zwischen Frick und Tiengen

Kapitel II
Zwischen Frick und Tiengen

51	S. 142	Frick - Markt
52	S. 144	Frick - Kirche
53	S. 146	Frick - Sauriermuseum
54	S. 148	Murg - Zechenwhiler Hotzenhaus
55	S. 152	Laufenburg (D) Hauptstraße - Altstadt
56	S. 154	Laufenburg (D) - Schlössle
57	S. 156	Laufenburg (D) - Rheinuferweg
58	S. 158	Laufenburg (D) - Hochsal „Alter Hotz"
59	S. 160	Laufenburg (D/CH) - Laufenbrücke
60	S. 162	Laufenburg (CH) - Altstadt
61	S. 164	Laufenburg (CH) - Stadkirche
62	S. 166	Laufenburg (CH) - Museum Schiff
63	S. 172	Laufenburg (CH) - Wasenturm
64	S. 174	Laufenburg (CH) - Rehmann Museum
65	S. 176	Laufenburg (CH/D) - Schifffahrt auf dem Rhein
66	S. 178	Mettau - St. Remigius
67	S. 182	Wil AG - Wiler Trotte
68	S. 184	Albbruck-Dogern - Wasserkraftwerk
69	S. 188	Reuenthal - Festungsmuseum
70	S. 190	Full - Schweizerisches Militärmuseum
71	S. 194	Waldshut - Kaiserstraße
72	S. 198	Waldshut - Alte Metzig
73	S. 200	Waldshut - Oberes Tor
74	S. 202	Waldshut - Unteres Tor
75	S. 204	Waldshut - Spitalskapelle
76	S. 206	Waldshut - Gottesackerkapelle
77	S. 208	Waldshut - Schifffahrt auf dem Rhein

78	S. 210	Tiengen - Stadtbild
79	S. 212	Tiengen - Alte Ölmühle
80	S. 214	Tiengen - Stadtmühle
81	S. 216	Tiengen - St. Mariä Himmelfahrt
82	S. 220	Tiengen - Altes und Neues Schloss
83	S. 222	Tiengen - Klettgaumuseum
84	S. 224	Tiengen - Jüdischer Friedhof

N
2 km
HOCHSAL
58
54
LAUFENBURG
(D)
55
56
57
B34
7
RHEIN
LAUFENBURG
(CH)
65
59
60
61
62
63
64
A3
51
52
53
FRICK

71
72
73
WALDSHUT
TIENGEN
78
82
79
83
80
84
81
74
75
76
B34
FULL
70
RHEIN
7
69
LBBRUCK
68
77
KOBLENZ
(CH)
66
METTAU
AARE
67
WIL/AG

Frick (CH) Markt

51

Frick erhielt das Marktrecht im Jahr 1701 vom Habsburger Kaiser Leopold I. verliehen, der damit die wirtschaftliche Lage der verarmten Gemeinde verbessern wollte. Die Marktstände wurden von Privatleuten angeschafft, der Gemeinde fehlte dazu das Geld, und an die Marktfahrer vermietet. Dabei galten je nach Warenart unterschiedliche Tarife. Den höchsten mussten die Tuchhändler bezahlen, sie hatten aber auch die höchste Rendite.

Was ?

Lebendiger Strassenmarkt entlang der Hauptstrasse mit rund 200 Marktfahrern und 350 Ständen. Ein gutes Ausflugsziel mit Kindern.

Wann ?

Der Markt findet vier Mal jährlich statt. Markttage sind:
- der Montag vor Aschermittwoch
- der Pfingstmontag
- der zweite Montag im August
- der zweite Montag im November

Zusätzlich gibt es Weihnachtsmarktveranstaltungen.
Weitere Informationen auf der Hompage der Gemeinde: www.frick.ch

Wo ?

Der Markt findet entlang der Hauptstrasse im Zentrum von Frick statt.

Individualverkehr:
Von der A3 Basel - Zürich über die Abfahrt Frick der Beschilderung Zentrum folgen.

ÖPNV:
SBB-Station Frick.

Frick (CH)
St. Peter und Paul

Der markante Fricker Kirchhof blickt auf eine lange Tradition als Kirchenstandort zurück. Bei Ausgrabungen wurden die Fundamente einer rund 1.200 Jahre alten Karolingischen Kirche freigelegt, ebenso wie die Reste einer vorromanischen und einer spätgotischen Kirche.

Der heutige barocke Bau stammt aus dem frühen 18. Jh.. Ein besonderes Prunkstück ist der barocke Hauptaltar, nach mündlicher Überlieferung eine Schenkung von Kaiserin Maria Theresia.

Was ?

Barocker Bau an einem 1.200 Jahre alten Kirchenstandort.
Schönes Gesamtensemble mit Friedhofskapelle und Altem Schulhaus.
Barocker Hochaltar.
Deckengemälde mit der Anbetung der Könige.
Musikalische Veranstaltungen.

Wann ?

Öffnungszeiten:
Aussen jederzeit frei zugänglich.
Innen täglich von 08:00 bis 17:00.
Informationen:
Di von 14:00 bis 17:00 unter
Tel. +41-62-8711178
pfarramt@kath-frick.ch
www.kath-frick.ch

Wo ?

Rampart
CH-5070 Frick
Individualverkehr:
Von der N3 über die Geissgasse in den Kirchrain.
ÖPNV:
Bhf. Frick der SBB, dann mit Bus bis Frick Station Unterdorf.

53

Frick (CH) Sauriermuseum

Die meisten Ausstellungsstücke stammen aus der Fricker Tongrube und damit aus der seit über 200 Millionen Jahre vergangenen Trias-Zeit. Prunkstück der Ausstellung ist das Skelett eines rund 4,5 Meter langen pflanzenfressenden Plateosaurus in seiner originalen Fundlage. Eindrucksvoll auch die Reste eines Raubdinosauriers und einer Landschildkröte.

Aus der Jura-Zeit, die dem Trias folgte, zeigt die Ausstellung Meeresfossilien wie Ammoniten, Nautiliden, Schnecken und Muscheln.

Was ?

Vollständiges Plateosaurus-Skelett
Raubdinosaurierskelett
Fossile Landschildkröte
Fischsaurierschädel
Meeresfossilien aus der Jura-Zeit
Informative Schautafeln
Filmvorführungen

Wann ?

Öffnungszeiten:
Jeden So von 14:00 bis 17:00
Führungen nach Vereinbarung:
Tel. +41-62-8715383
dino@sauriermuseum-frick.ch
www.sauriermuseum-frick.ch

Wo ?

Sauriermuseum Frick
Schulstrasse 22, Schulhaus 1912
CH-5070 Frick
Der Zugang befindet sich auf der Rückseite des Gebäudes.
Individualverkehr: Von der N3 Ausfahrt über den Saurierkreisel, Hauptstr. in die Schulstr.
ÖPNV: Bhf. Frick der SBB, dann dem ausgeschilderten Lehrpfad folgen.

54

Murg (D)
Zechenwihler Hotzenhaus

Der älteste Teil des Zechenwihler Hotzenhauses wurde Mitte des 18. Jh. errichtet. Dieser Kernbau, ein hölzener Ständer-Bohlen-Bau mit einem Strohdach, ist typisch für die Bauernhäuser jener Zeit im Hotzenwald, aber auch in der Nordschweiz.

Bei dieser Konstruktion bilden die hölzernen Ständer zusammen mit dem mächtigen Firstbalken die eigentliche Tragkonstruktion, dadurch können die nichttragenden Wände und damit die Raumaufteilung flexibel den wechselnden Bedürfnissen angepasst werden. Eine ähnliche Bauweise findet man übrigens bei den Langhäusern in Süd-Ost-Asien.

Später wurde das Gebäude durch massive Mauern erweitert und diente bis zum Ende des 20. Jh. rund 260 Jahre lang insgesamt 8 Generationen einer Familie als Wohnstatt.

Heute befindet sich das Hotzenhaus als eines der letzten erhaltenen Beispiele seiner Art, dank einer Spende, im Besitz der Gemeinde Murg und wird für kulturelle und private Veranstaltungen, z.B. Hochzeiten, genutzt.

Was ?

Eines der letzten erhaltenen Hotzenhäuser.
Informative Führung durch den Verein Zechenwihler Hotzenhaus e.V. mir vielen historischen Alltagsgegenständen.
Geeignet für Veranstaltungen und Hochzeiten.

Wann ?

Von außen jederzeit frei zugänglich.
Führungen und Informationen:
Zechenwihler Hotzenhaus e.V.
Dr. Georg Kirschbaum
Tel. +49-7763 8972
info@zechenwihler-hotzenhaus.de
www.zechenwihler-hotzenhaus.de

Wo ?

Hotzenwaldstraße 87
D-79730 Murg-Niederhof
Individualverkehr:
Von der L157 in Murg über die Murgtalstraße (L151) in die Hotzenwaldstraße.
ÖPNV:
Vom Bhf. Laufenburg (Baden) oder (CH) nach Laufenburg Ost-Bhf., von dort mit Minibus bis Station Niederdorf-Zechenwihl.

55

Laufenburg (D) Hauptstraße und Altstadt

Die Haupstraße ist die Flanier- und Einkaufsmeile des deutschen Laufenburgs, wobei Meile etwas übertrieben ist, die Distanz zwischen Rheinbrücke und Rathaus beträgt rund 200 Meter.

Bis zu Beginn des 19. Jh. stand an Stelle des heutigen Rathauses ein übertürmtes Stadttor. Dann benötigte man auf Grund der Teilung der Stadt Platz für den Stadtrat, Stadtschreiber und eine Schule. 1992 wurde das Gebäude dann um die Stadtbibliothek und den Ratssaal erweitert.

Was ?

Flanier- und Einkaufsmeile.
Cafe und Restaurants zur Einkehr.
Schmuckes Rathaus mit Rheinterrasse und schönem Ausblick auf das Schweizer Laufenburg und den Rhein.

Wann ?

Jederzeit frei zugänglich.

Wo ?

Individualverkehr:
Von der A98 über die B34 ins Parkhaus Rheinterrassen.
ÖPNV:
Bahn 730 Basel-Singen bis Station Laufenburg, dann zu Fuß über die Bahnhofsstraße in die Hauptstraße.

Laufenburg (D) Schlössle

Das auf einer Anhöhe über Laufenburg liegende Schlössle bietet einen wunderbaren Blick auf beide Laufenburg und das Rheintal.

Ursprünglich war es der Sommersitz eines Basler Bankdirektors. Ende des 19. Jh. wurde es vom reichen amerikanischen Ehepaar Codman aus Bosten übernommen und ausgebaut. Mary Elisabeth Codman-Beikamp, eine deutsche Auswanderin, war 60, als sie sich in Laufenburg niederließ. Sie machte aus dem Schlössle einen kulturellen und gesellschaftlichen Mittelpunkt mit so illustren Gästen wie Bela Bartok und Richard Strauss. Dank ihrer großzügigen Unterstützung für die Stadt Laufenburg wurde sie noch zu Lebzeiten Ehrenbürgerin.

Heute befindet sich das Schlössle im Besitz der Stadt und beherbergt im Untergeschoss ein Restaurant. Der Panoramasaal im Obergeschoßss wird für kulturelle Veranstaltungen genutzt.

Was ?

Restaurant Zumkellers Schlössle Laufenburg im Erdgeschoss. Panoramasaal im Obergeschoss. Schöne Aussicht über Laufenburg und das Rheintal. Eindrucksvolle schmiedeeisene Eingangsportale.

Wann ?

Von außen jederzeit frei zugänglich.

Wo ?

Schlössle Laufenburg
Säckinger Straße 3
D-79725 Laufenburg

Individualverkehr: Von der A98 auf die B34, von dort direkt auf den Parkplatz des Schlössles.
ÖPNV: Bahn 730 Basel-Singen bis Station Laufenburg, dann beim Brunnen am Tunnel den Aufstieg durch den Park nehmen.

57

Laufenburg (D) Rheinuferweg

Was ?

Schöner Spazierweg.
Flussabwärts ca. 200 Meter zur Codmananlage und Wasserfall.
Flussaufwärts rund 700 Meter zum Rheinschwimmbad und Schiffsanlegestelle.
Schöner Blick auf beide Ufer der Doppelstadt.

Wann ?

Jederzeit frei zugänglich

Wo ?

Individualverkehr:
Von der A98 über die B34 ins Parkhaus Rheinterrassen. Zu Fuß durch die Hauptstraße. Treppe zum Rheinuferweg am Alten Zollhaus.
ÖPNV:
Bahn 730 Basel-Singen bis Station Laufenburg, dann zu Fuß über die Bahnhofsstraße zur Rheinbrücke.

Laufenburg-Hochsal (D) Alter Hotz

Der „Alte Hotz", wie der Turm volkstümlich genannt wird, gehört zu einer dem hl. Pelagius geweihten Kirche und war die älteste Pfarrkirche des Hotzenwaldes. Ihre Pfarrei umfasste weite Teile des Hotzenwaldes und reichte bis ins Rheintal.

Die Urkundenlage über die Geschichte des Bauwerks ist ziemlich lückenhaft, das älteste schriftliche Dokument stammt aus der Mitte des 13. Jh.. Hinweise auf einen Bau Ende des 11. Jh. und einen römischen Wachturm, der an Stelle des mächtigen Turms gestanden haben mag, fallen in den Bereich der Mutmaßungen.

Die Krypta mit dem Steinsarkophag der seligen Mechthildis ist romanischen Ursprungs. Vom ebenfalls romanischen Turm ist nichts erhalten geblieben, der heutige stammt aus dem 16. Jh.. Das Kirchenschiff wurde in der zweiten Hälfte des 18. Jh. barockisiert und weist heute ein reiches Rokoko-Stuckdekor auf. Das Deckengemälde im Schiff zeigt das Martyrium des hl. Pelagius.

Was ?

Malerische Lage inmitten des Friedhofs mit schönem Ausblick.
Mächtiger Turm als Wahrzeichen des Hotzenwaldes.
Krypta mit Steinsarkophag.
Linker Seitenaltar mit steinernem Marientod vom Ende des 15. Jh..

Wann ?

Öffnungszeiten:
Das Äußere ist jederzeit frei zugänglich.
Die Kirche ist täglich geöffnet.
Informationen:
Katholisches Pfarramt Hochsal
Lindenstraße 14
D-79725 Laufenburg-Hochsal
Tel. +49-7763-7835

Wo ?

Lindenstraße 16
D-79725 Laufenburg-Hochsal
Individualverkehr:
Von der A98 über die L151a und die K6542 in die Lindenstraße
ÖPNV:
Vom Bhf. Laufenburg (Baden) oder (CH) nach Laufenburg Ost-Bhf., von dort mit Minibus bis Station Hochsal-Lindenstraße.

59

Laufenburg (CH/D) Laufenbrücke

Bis zum Bau des Rheinkraftwerkes, das zu Beginn des 20. Jh. flussabwärts errichtet wurde, war Laufenburg von eindrucksvollen Stromschnellen und einer pittoresken Holzbrücke auf Steinpfeilern geprägt. Die Abbildungen im Museum Schiff vermitteln davon einen guten Eindruck.

Heute liegt Laufenburg am Rückstaubereich des Wasserkraftwerkes und die wiederaufgestellte Statue des hl. Nepomuk wurde als Brückenheiliger und als Helfer bei Wassernöten verehrt.

Was ?

Schöner Blick von der Brücke auf beide Ufer der Doppelstadt. Spaziergang auf dem am deutschen Ufer gelegenen Rheinuferweg mit Blick auf die Brückenkonstruktion.
Statue des hl. Nepomuk, die schon die hölzerne Rheinbrücke zierte und die nach einer Renovation 1982 wieder aufgestellt wurde.

Wann ?

Jederzeit frei zugänglich.

Wo ?

Individualverkehr:
Von der H7 über die Burgmattstrasse auf den Parkplatz unter der Burg, dann zu Fuß über Burgmattstasse und Fischergasse.
ÖPNV:
SBB Station Laufenburg

60

Laufenburg (CH) Altstadt

Das Schweizer Laufenburg ist terrassenförmig angelegt. Ganz zuoberst stehen die Ruinen der ehemaligen Burg, etwas tiefer liegen Kirche und Pfarrhaus, darunter dann das ehemalige Rathaus und heutige Gerichtsgebäude mit den Herrenhäusern und schließlich die Häuserzeile am Flußufer.

Die verwinkelten Gassen, die kleinen Plätze, die zahlreichen Brunnen und Treppen sowie die charmanten Altstadthäuser laden zu schönen Spaziergängen durch die historische Altstadt ein.

Was ?

Individueller Spaziergang durch den historischen Stadtkern. Klassische Stadtführung oder eine Stadtführung der besonderen Art durch Graf Hans IV von Habsburg-Laufenburg im mittelalterlichen Kostüm.

Wann ?

Ständig frei zugänglich.
Informationen zu Stadtführungen:
Tourist-Info Laufenplatz
Tel. +41-62-8744455
info@laufenburg-tourismus.ch
www.laufenburg.ch
Ganzjährig:
Di bis Fr von 14:00 bis 17:00
Von Jul bis Sep zusätzlich:
Sa und So von 13:00 bis 16.00

Wo ?

Die Altstadt wird begrenzt vom Rheinufer, der Burgmattstrasse sowie der Oberen und Unteren Wasengasse.
Individualverkehr:
Von der N7 über die Burgmattstrasse auf den Parkplatz unter der Burg, dann zu Fuß in die Burgmattstrasse oder Obere Wasengasse.
ÖPNV:
SBB Station Laufenburg

Laufenburg (CH) Stadtkirche St. Johann

61

Die auf dem Schlossberg stehende Kirche, datiert aus der zweiten Hälfte des 15. Jh., wurde im gotischen Stil errichtet. Über vermutlich vorhandene Vorgängerbauten ist wenig bekannt. Der charakteristische Turmhelm, eine „Spanische Haube", stammt aus der Mitte des 17. Jh..

Der Innenraum wurde in der zweiten Hälfte des 18. Jh. barockisiert, markant ist dabei das zentrale Deckengemälde mit der Taufe Christi im Jordan.

Was ?

Schöne Aussicht über die beiden Laufenburg und das Rheintal.
Weithin sichtbarer Turm mit Spanischer Haube.
Barocke Innenausstattung mit üppigen Deckengemälden.
Rokoko-Hochaltar.

Wann ?

Öffnungszeiten:
Täglich geöffnet
von 10:00 bis 18:00
Informationen:
Pfarramt Sekretariat
Herrengasse 108
CH-5080 Laufenburg
Tel. +41-62-8743148
kathpfarramt.laufenburg@bluewin.ch

Wo ?

Individualverkehr:
Von der N7 über die Burgmattstrasse auf den Parkplatz unter der Burg, dann zu Fuß über Burgmattstrasse und Schlossbergsteg.
ÖPNV:
SBB Station Laufenburg.

Laufenburg (CH) Museum Schiff

62

Der Ursprung des Museums Schiff war das Testament einer Modistin, die ihr Haus der Stadt Laufenburg zur Gründung eines Ortsmuseums überliess. Daraufhin wurde ein Museumsverein gegründet, der die Liegenschaft „Schiff" mit Taverne erwarb und diese dank einem Darlehen der Stadt renovierte.

Heute ist das Museum ein Musterbeispiel für eine binationale Einrichtung. Nicht nur die Exponate, auch die Mitglieder kommen aus beiden Laufenburg, der Vorstand ist paritätisch besetzt und tagt abwechselnd auf beiden Seiten des Rheins.

Zu den zahlreichen interessanten Ausstellungsstücken gehören auch historische Abbildungen, die Laufenburg mit seinen Stromschnellen und der alten Holzbrücke aus der Zeit vor dem Kraftwerksbau zeigen. Neben der Dauerausstellung und regelmässigen Sonderausstellungen bietet das „Schiff" auch ein Trauzimmer, eine Zunftstube und ein Kellerlokal, die zu mieten sind.

Was ?

Dauerausstellung mit zahlreichen Exponaten von beiden Seiten des Rheins.
Sonderausstellungen.
Trauzimmer in historischer Ausstattung.
Zunftstube der Narro-Alt-Fischerzunft 1386
Kellerlokal „Salmigrotte" der Fasnachtsgesellschaft „Salmfänger".

Wann ?

Öffnungszeiten:
Mi von 14:00 bis 16:00
Sa und So von 14:00 bis 17:00
Information zu Ausstellungen:
www.museum-schiff.ch
Informationen zur Miete:
Museumsverein Laufenburg
Fluhgasse, Postfach
CH-5080 Laufenburg
info@museum-schiff.ch

Wo ?

Fluhgasse 156
CH-5080 Laufenburg
Individualverkehr:
Von der H7 über die Burgmattstrasse auf den Parkplatz unter der Burg, dann zu Fuß über Burgmattstrasse und Fischergasse in die Fluhgasse.
ÖPNV:
SBB Station Laufenburg.

RESTAURANT

63

Laufenburg (CH) Wasenturm

Der Wasenturm wurde Mitte des 13. Jh. als Stadttor mit Zugbrücke zur Wasenvorstadt errichtet und war einer von insgesamt 10 Türmen, die die mittelalterliche Stadt zu beiden Seiten des Rheins schützten. Ende des 15. Jh. wurde der Turm durch ein zweitürmiges vorgelagertes Bollwerk verstärkt, das aber ebenso wie die Zugbrücke nicht erhalten ist.

Ende des 17. Jh. erhielt der Turm seine heutige Gestalt, von der Teilung Laufenburgs in einen Badischen und einen Schweizer Teil zu Beginn des 19. Jh. bis 1985 diente der Turm dann als Bezirksgefängnis. Die Gefängniszellen sind noch erhalten.

An der Stadt abgewandten Seite des Turms, ist ein Wappenstein eingelassen, der das Wappen der österreichischen Herzöge und Erzherzöge, den Schild mit Querbalken, und das Stadtwappen Laufenburgs, den Löwen, miteinander verbindet, und damit an die über 500 Jahre erinnert, in denen Laufenburg als geeinte Stadt zu Vorderösterreich gehörte.

Was ?

Gute Sicht auf den Turm vom Aufstieg zur Burg.
Wappenstein an der stadtabgewandten Seite.
Angenehmes Cafe zur Erholung an der H7 gegenüber dem Turm.

Wann ?

Jederzeit frei zugänglich.

Wo ?

Individualverkehr:
Von der H7 über die Burgmattstrasse auf den Parkplatz unter der Burg, dann zu Fuß in die Obere Wasengasse..
ÖPNV:
SBB Station Laufenburg

Laufenburg (CH) Rehmann Museum

64

Erwin Rehmann, geboren 1921, zählt zu den profiliertersten zeitgenössischen Künstlern der Schweiz. In sein 2001 eröffnetes Museum brachte er neben zahlreichen seiner Werke auch seine Werkstatt und Atelier sowie seine Giesserei ein.

Das moderne helle Gebäude und der großzügige Garten bilden einen schönen Rahmen für die Dauerausstellung der von Rehmann geschaffenen Skulpturen sowie für zwei bis drei Sonderausstellungen im Jahr.

Was ?

Dauerausstellung mit Skulpturen von Erwin Rehmann.
Alte Giesserei.
Zwei bis drei Sonderausstellungen im Jahr.
Schöner Skulpturengarten.
Konzerte und Lesungen.

Wann ?

Öffnungszeiten:
Mi, Sa und So von 14:00 - 17:00
Führungen und individuelle Besuchszeiten nach Vereinbarung:
Tel. +41-62-8744270
www.rehmann-museum.ch
infi@rehmann-museum.ch

Wo ?

Rehmann Museum
Schimelrych 12
CH-5080 Laufenburg
Individualverkehr:
Von der H7 in die Strasse Schimelrych, dann der Beschilderung folgen.
ÖPNV:
SBB Station Laufenburg, dann zu Fuss die H7 queren in die Strasse Schimelrych.

65

Laufenburg (D/CH) Schifffahrt auf dem Rhein

Was ?

Rund ein- oder zweistündige Schifffahrten von Laufenburg flussabwärts bis an das Stauwehr des Wasserkraftwerks Laufenburg und dann flussaufwärts durch naturbelassene Ufergebiete mit teils skurillem Bewuchs.
Schöne und ungewöhnliche Perspektiven der beiden Laufenburg und ihrer Wasserfronten.

Wann ?

MS Stadt Laufenburg (CH)
Öffentliche Fahrten:
Jul bis Sep
jeweils So von 14:00 bis 15:00
Gruppenfahrten:
Ganzjährig möglich
Information und Buchung bei der Tourist-Info Tel. +41-62-8744455
info@laufenburg-tourismus.ch
www.laufenburg.ch

Wo ?

Anlegestelle Parkhaus, unterhalb der Spitalstrasse.
Individualverkehr:
Von der H7 in die Spitalstrasse.
ÖPNV:
SBB-Station Laufenburg, dann zu Fuss die H7 queren und in die Spitalstrasse.

66

Mettau (CH) St. Remigius

Mettau gehörte zum Altbesitz des Damenstiftes Säckingen. Einmalig für das Säckinger Stift waren die jährlichen Besuche der Äbtissin zur Einziehung des Zinses und zur Bewirtung der freien Bauern. Entsprechend dieser Sonderstellung wurde die Kirche in der zweiten Hälfte des 18. Jh. besonders reichlich ausgestattet, insbesondere durch Rokoko-Stuckaturen sowie Wand- und Deckengemälde. Von der gotischen Vorgängerkirche ist nur der Turm erhalten geblieben.

Was ?

Schönste spätbarocke Kirche im Fricktal.
Deckengemälde im Schiff mit der Taufe des Frankenkönigs durch den hl. Remigius und die Apotheose des Heiligen.
Altäre aus Stuckmamor.
Rokoko-Chorgestühl.

Wann ?

Öffnungszeiten:
Außen jederzeit frei zugänglich.
Innen täglich von 09:00 bis 20:00
Informationen:
Römisch-katholisches Pfarramt
Tel. +41-62-8751116
pfarramt-mettau-gansingen@bluewin.ch

Wo ?

Pfarrhausweg 9
CH-5274 Mettau
Individualverkehr:
Von der H7 über die Talstrasse der Beschilderung nach Mettau folgen. Die Kirche liegt an der Talstrasse.
ÖPNV:
Von Laufenburg (CH) Bhf. mit Bus nach Mettau, Station Post.

67

Wil AG (CH) Wiler Trotte

Die Winzergenossenschaft Wiler Trotte startete 1992 mit zwei Traubensorten und drei Weinen. Heute baut Kellermeister Guido Oeschger die Trauben von rund zwanzig Winzern zu vier Weissweinen und zehn Rotweinen aus. Dabei verfolgt er das Ziel, eigenständige Weine nach dem Motto „klein aber fein" zu keltern. Dass er damit erfolgreich ist beweisen die zahlreichen Preise und Prämierungen. So konnte die Wiler Trotte bereits mehrmals den Aargauer Staatswein stellen.

Was ?

Schöner Spaziergang oberhalb von Wil durch die Weinberge mit ihren Rebhäuschen.
Zahreiche ausgezeichnete Weiss- und Rotweine, darunter auch Aargauer Staatsweine.
Verkaufsraum für Degustationen.
Gemütliche Weinstube mit einem Platzangebot für 35 Personen.

Wann ?

Verkauf und Degustation:
Fr von 17:00 bis 19:00
Sa von 09:30 bis 12:00
Gruppen nach Vereinbarung:
Tel. +41-62-8752728
info@wilertrotte.ch
www.wilertrotte.ch

Wo ?

Weinbaugenossenschaft
Trottenstrasse 100
CH-5276 Wil AG
Individualverkehr:
Von der H7 bei Etzgen über die Talstr. nach Mettau, dann weiter über „bei den Linden" nach Wil.
ÖPNV: Von Laufenburg oder Brugg mit dem Bus nach Wil, Station „Mitteldorfstrasse".

68

Albbruck-Dogern (D) Rheinkraftwerk

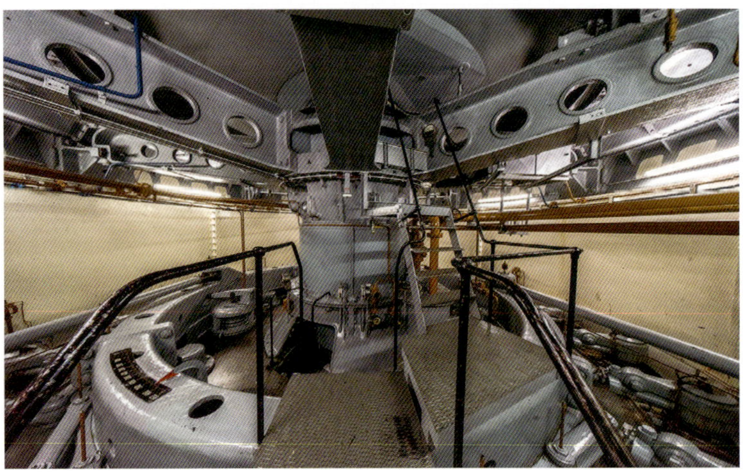

Die Rheinkraftwerk Albbruck-Dogern AG (RADAG) wurde 1929 gegründet. Ziel war der Bau eines grenzüberschreitenden Kraftwerks am Hochrhein zwischen Albbruck und Dogern, das 1933 ans Netz ging. Es ist das erste Kraftwerk nach dem Zusammenfluss von Aare und Rhein. 1998 beantragte die RADAG eine neue Konzession. Sie wurde im Jahr 2003 erteilt und beinhaltet auch den Bau des neuen Wehrkraftwerks. Im Jahr 2004 übernahm die Schluchseewerk AG die Betriebsführung. 2009 wird das Wehrkraftwerk samt 800 Meter langem Umgehungsgewässer nach dreijähriger Bauzeit in Betrieb genommen. Die insgesamt vier Maschinensätze (drei Kaplanturbinen im Kanalkraftwerk und eine Rohrturbine im Wehrkraftwerk) produzieren jährlich etwa 650 Millionen Kilowattstunden, damit können 180.000 Haushalte mit CO2-freiem Strom versorgt werden.

Was ?

Infopavillion mit einer guten Einführung in das Kraftwerk.
Stauwehr mit Wehrkraftwerk.
800 Meter langes ökologisches Umgehungsgewässer.
Krafthaus im Wehrkraftwerk mit einer Rohrturbine und einem Synchrongenerator.

Wann ?

Für **Einzelbesucher** gibt es öffentliche Besichtigungszeiten.
Führungen für Gruppen sind gegen Voranmeldung möglich.
Informationen und Voranmeldungen über die Homepage
www.radag.de
Tel. +49-7763-9278-80912
besichtigungen@radag.de

Wo ?

RADAG/WKW
Zollstraße
D-79804 Dogern
Individualverkehr: In Dogern von der B34 in die Zollstraße.
ÖPNV:
Mit wtv 7334 von Bad Säckingen oder Waldshut jeweils Busbahnhof bis Station „Dogern Industriegebiet".

M.2

Rauchen verboten

69

Reuenthal (CH) Festungsmuseum

Kurz vor Ausbruch des 2. Weltkriegs hatte das Schweizer Militär Sorge, Deutschland könnte mit Hilfe des Kraftwerks Albbruck-Dogern durch Aufstau eine temporäre Furt im Unterlauf des Kraftwerks schaffen und so Truppen den Rheinübergang ermöglichen. Als Gegenmassnahme wurde das Artilleriewerk Reuenthal mit seinen 7,5 Zentimeter Kanonen angelegt, das erst 1988 ausgemustert wurde. Neben der Originalbewaffnung und -ausrüstung ist eine umfangreiche Ausstellung zu sehen.

Was ?

Unterirdische Stollenanlage mit Schächten zu den Artilleriestellungen. Ausstellung über die Zeit des 2. Weltkriegs.
Sammlung zur Bewaffnung der Schweizer Armee und anderer Streitkräfte im 20. Jahrhundert.
Unterirdisches Festungsrestaurant zur Erholung.

Wann ?

Öffnungszeiten:
Apr bis Okt jeden Sa
von 13:00 bis 17:00
Führungen und Informationen:
Tel. +41-62-7723606
info@festungsmuseum.ch

Wo ?

Festungsmuseum Reuenthal
CH-5324 Reuenthal
Individualverkehr:
Von der H7 über Talgasse, Talstrasse und Kapellenweg in den Paronamaweg.
ÖPNV:
Von Koblenz Bhf. mit Bus nach Station Reuenthal Dorf.

70

Full (CH)
Schweizerisches Militärmuseum

Das Schweizerische Militärmuseum zeigt in zwei Hallen auf rund 10.000 Quadratmeter Ausstellungsfläche eine umfassende Darstellung der Schweizer Armee und ausländischer Streitkräfte. Die Exponate reichen von einer reichhaltigen, aber harmlosen Zinnsoldatensammlung über historische Schweizer Waffen, Exponate aus dem 2. Weltkrieg, wie der deutschen V1 oder dem russischen T34, bis hin zu modernen Waffensystemen wie Flugabwehrraketen und Lenkwaffen.

Was ?

Zwei Hallen voll mit Waffen, für Militärliebhaber ein Eldorado.
Rund 70 Kettenfahrzeuge, vom T34 und Tiger bis hin zum Leopard 2.
Für eher kindliche Gemüter rund 100.000 Zinnfiguren.
Sonderausstellungen zu Oerlikon-Bührle AG und zur MOWAG.

Wann ?

Öffnungszeiten:
Apr bis Okt jeden Fr, Sa und So von 10:00 bis 17:00
Gruppenbesuche an anderen Tagen gegen Vereinbarung:
Tel. +41-62-7723605
info@militaer-museum.ch

Wo ?

Schweizerisches Militärmuseum
General-Gusian-Strasse 1
CH-5324 Full
Individualverkehr:
Von der H7 der Beschilderung folgend über die Hauptstrasse in die Industriestrasse.
ÖPNV:
Vom Bhf. Koblenz mit PTT-Rufbus (Tel. +41-56-2461046) nach Haltestelle „Full Militärmuseum“.

MOWAG

71

Waldshut (D) Kaiserstraße

Die Kaiserstraße erstreckt sich als zentrale Achse der Altstadt auf rund 350 Meter Länge zwischen dem Oberen Tor im Westen und dem Unteren Tor im Osten. Sie ist die Einkaufs- und Flanierstraße in Waldshut.

Gesäumt wird die Straße von zahlreichen prächtigen Bürgerhäusern, die den historischen Wohlstand der Stadt dokumentieren. Zu den schönsten Beispielen gehören von West nach Ost rechter Hand das Haus „Zum Wilden Mann" mit seinem schönen Renaissancesaal in der 3. Etage, dann, auf der linken Straßenseite, das „Haus zur Taube", das „Städtische Kornhaus" und die „Alte Post", ursprünglich eine Station der Thurn- und Taxischen Post. Auf der rechten Seite gegenüber steht das dreistöckige Rathaus aus der Mitte des 18. Jh., der schönste Barockbau in Waldshut. Etwas weiter die „Alte Metzig" mit ihrer Renaissancefassade und den gotischen Fenstern, heute ein Museum und zum Abschluss linker Hand die ehemalige kaiserliche Posthalterei „Zum Rebstock".

Was ?

Zahlreiche historische Gebäude mit ihren alten und neuen Hauszeichen.
Flanieren und Window-Shopping.
Erholung und Stärkung in einem der zahlreichen Cafes und Restaurantes.

Wann ?

Jederzeit frei zugänglich.
Führungen:
Es sind öffentliche Führungen für Einzelpersonen und individuelle Führungen für Gruppen möglich.
Informationen unter:
www.waldshut-tiengen-stadtfuehrungen.de

Wo ?

Individualverkehr:
Von der B34 in das Parkhaus Kornhaus, zu Fuß über die Post-, Bismarck- und Kaiserstraße .
ÖPNV:
Bahn 730 Basel-Singen, Station Waldshut, dann über die Bismarck- und Kaiserstraße.

Rheinischer Hof

Zur Lilien

Waldshut (D)
Alte Metzig

72

Das Gebäude der Alten Metzig ist über 400 Jahre alt und diente ursprünglich als Metzgerei - daher der Name. Begünstigt wurde diese Nutzung durch den Stadtbach, der damals als offenes Gewässer durch das Tor in den Rhein floß und der so die Abfälle der Metzgerei auf dem kürzesten Weg schnell entsorgte.

Das Gebäude ist typisch für die damaligen Altstadthäuser. Mit einer nur 6 Meter breiten Front, das entspricht der damals üblichen Häuserbreite von 20 Fuß, reicht es von der heutigen Kaiserstraße (früher Vordergasse) bis zur Wallstraße (früher Hintergasse) und ist damit rund 22 Meter tief. Auffallend ist der breite Schwibbogen an der Front zur Kaiserstraße, der fast die gesamte Häuserbreite einnimmt. Im vorderen Teil des Gebäudes befand sich der Verkaufsraum, dahinter der Schlachtraum.

Heute wird das Gebäude als Museum zur Stadtgeschichte und für Wechselausstellungen genutzt.

Was ?

Typisches Waldshuter Stadthaus mit über 400-jähriger Geschichte, ursprünglich als Metzgerei genutzt. Heute Museum zur Stadtgeschichte und für Wechselausstellungen.

Wann ?

Informationen zu Öffnungszeiten:
Tourist-Information
Waldshut-Tiengen
Wallstraße 26
D-79761 Waldshut-Tiengen
Tel. +49-7751-833200
tourist-info@waldshut-tiengen.de
www.waldshut-tiengen.de

Wo ?

Die Alte Metzig befindet sich in der Kaiserstraße zwischen Rathaus und Unterem Tor.

73

Waldshut (D) Oberes Tor

Durch das Obere Tor, errichtet auf Fundamenten des 13. Jh., führte der Weg nach Schaffhausen und in den Bodenseeraum, daher auch der Zweitname „Schaffhauser Tor".

Auf dem Turm hatte früher der Turmwächter sein Domizil , um die Bürger vor heranziehender Gefahr und Feuer in der Stadt zu warnen, außerdem sollte er noch die Schifffahrt auf dem Rhein überwachen, er hatte multitaskingfähig zu sein. Bis zur Mitte des 19. Jh. diente das Tor auch als Stadtgefängnis.

Außerhalb des Tors quert die Seltenbachbrücke die 20 Meter tiefe Schlucht des gleichnamigen Baches, die ein guter Schutz der Stadt gegen Westen war. Auf der Brücke stehen mehrere alte und neue Skulpturen.

Der Spruch „Ich streich das Geld in meinen Hut, die Stadt soll heißen: Waldeshut" stammt der Legende nach von einem schlauen Bäuerlein aus dem Hotzenwald, der damit den Wettbewerb zur Namenssuche gewann und dafür 10 Gulden einstrich.

Was ?

Auf der Seltenbachbrücke Statuen der hl. Maria, des Brückenpatrons Johannes von Nepomuk, des hl. Rochus mit Muschel und Hund sowie des Pestheiligen Sebastian mit Pfeilen.
Schlauer Hotzenwaldbauer an der Seite zur Kaiserstraße.

Wann ?

Öffnungszeiten:
Von außen jederzeit frei zugänglich.
Führungen:
Es sind öffentliche Führungen für Einzelpersonen und individuelle Führungen für Gruppen möglich.
Informationen unter:
www.waldshut-tiengen-stadtfuehrungen.de

Wo ?

Am westlichen Ende der Kaiserstraße und der Altstadt.
Individualverkehr:
Von der B34 in das Parkhaus Kornhaus, zu Fuß über die Post- und Bismarckstraße .
ÖPNV: Bahn 730 Basel-Singen, Station Waldshut, dann über die Bismarckstraße auf die Seltenbachbrücke.

Waldshut (D) Unteres Tor

Das Untere Tor am östlichen Ende der Kaiserstraße geht vermutlich auf die Zeit der Stadtgründung um die Mitte des 13. Jh. zurück. Noch immer sind, trotz aller späteren Umbauten, romanische Bauteile erhalten.

Auf der Turmspitze dreht sich das Waldshuter Männle nach dem Wind und in der Wand sind zwei steinerne Kanonenkugeln eingelassen, die, wie die Statue des Steinernen Junggesellen vor dem Tor, an eine erfolglose Schweizer Belagerung aus der zweiten Hälfte des 15. Jh. erinnern.

Was ?

Ehemalige Stadtbefestigung mit romanischen Bauteilen.
Waldshuter Männle als Windfahne.
Steinerne Kanonenkugeln an der Stadtaußenseite.
Statue des Steinernen Junggesellen von 1950.

Wann ?

Öffnungszeiten:
Von außen jederzeit frei zugänglich.
Führungen:
Es sind öffentliche Führungen für Einzelpersonen und individuelle Führungen für Gruppen möglich.
Informationen unter:
www.waldshut-tiengen-stadtfuehrungen.de

Wo ?

Am östlichen Ende der Kaiserstraße und der Altstadt.
Individualverkehr:
Von der B34 in das Parkhaus Kornhaus, zu Fuß über die Post-, Bismarck- und Kaiserstraße .
ÖPNV:
Bahn 730 Basel-Singen, Station Waldshut, dann über die Bismarck- und Kaiserstraße.

Waldshut (D) Spitalkapelle „Zum Heiliggeist“

75

Die Kapelle war Teil des Spitals, das zu Beginn des 15. Jh. von der Waldshuter Bürgerschaft gestiftet und bis zur Mitte des 19. Jh. genutzt wurde. Die ursprünglich im gotischen Stil gestaltete Kapelle wurde im 17. Jh. barockisiert, hat aber ihren gotischen Charakter erhalten.

Nach der Auflösung des Spitals wurde sie als Lagerhalle genutzt und erst Mitte der 80er Jahre durch die „Zunft der Ehemaligen der Junggesellenschaft 1468“ renoviert und der Öffentlichkeit zugänglich gemacht.

Was ?

Kapelle die ihren gotischen Charakter erhalten hat.
Schöner Blick von der Empore.

Wann ?

Öffnungszeiten:
Von außen jederzeit frei zugänglich.
Innen tagsüber geöffnet.
Führungen:
Es sind öffentliche Führungen für Einzelpersonen und individuelle Führungen für Gruppen möglich.
Informationen unter:
www.waldshut-tiengen-stadtfuehrungen.de

Wo ?

Am östlichen Ende der Kaiserstraße und der Altstadt.
Individualverkehr:
Von der B34 in das Parkhaus Viehmarktplatz.
ÖPNV:
Bahn 730 Basel-Singen, Station Waldshut, dann über die Bismark-, Kaiser- und Rheinstr...

Waldshut (D) Gottesackerkapelle

76

Die ursprünglich auf dem Friedhof stehende kleine Kapelle wurde gegen Ende des 17. Jh. durch die adelige Familie der Tröndlin von Greifenegg durch eine Kiche ersetzt, die ihre Grablegung werden sollte.

Im Inneren befinden sich eine Nachbildung des Heiligen Grabes in Jerusalem sowie eine frühbarocke Ausstattung.

Aussen findet man zahreiche alte Grabsteine und Epitaphen aus dem 16. und 17. Jh.

Was ?

Kleine Kirche in schöner Lage inmitten eines Friedhofs.
Nachbildung des Heiligen Grabes in Jerusalem.
Frühbarocke Ausstattung.
Zahlreiche sehenswerte Grabsteine und Epitaphen.

Wann ?

Von Aussen jederzeit frei zugänglich.
Die Kapelle ist geschlossen. Den Schlüssel kann man gegen vorherige Absprache im Pfarrbüro in Waldshut abholen.
Marienstraße 8
D-79761 Waldshut-Tiengen
Tel. +49-7751-8314-0
a.mueller@st-verena.de
www.st-verena.de

Wo ?

Der Eingang zum Friedhof liegt an der Ecke Von-Kilian-Straße und Waldtorstraße.
Individualverkehr:
Von der B34 über die Brückenstraße und die Friedrichstraße in die Von-Kiliian-Straße.
ÖPNV:
Bahn 730 Basel-Singen, Station Waldshut , dann mit SBG-Bus 7339 bis Station „Gymnasium".

77

Waldshut (D) Schifffahrt auf dem Rhein

Die zweistündige Rundfahrt auf der „Waldshut-Tiengen" führt von der Anlegestelle am Rheinweg flussabwärts in das Auengebiet am Zusammenfluss von Aare und Rhein und dann flussaufwärts bis zum Stauwehr Dogern-Albbruck. Wussten Sie übrigens, dass die Aare beim Zusammenfluss deutlich mehr Wasser einbringt als der Rhein? Das Verhältnis ist etwa 60 zu 40. Nach den Regeln der Flussnamensgebung müsste sich der Rhein ab dort eigentlich Aare nennen und was wäre dann mit Lorelei und Richard Wagner?

Was ?

2-stündige Rundfahrt zur Aaremündung und zum Stauwehr Dogern-Albbruck.
Die Fahrt kann auch in zwei jeweils 1-stündige Fahrten geteilt werden. Sonderfahrten mit Brunch, Grill, Spaghetti-Plausch und andere kulinarische Sonderfahrten.

Wann ?

Fahrplaninformationen:
Tel. +49-7751-833-240
www.stadtwerke-wt.de/de/Freizeit/Rheinschifffahrt/Rundfahrten

Wo ?

Individualverkehr:
Von der B34 über die Bismarkstr. und den Zollweg zum Rheinweg.
ÖPNV:
Bahn 730 Basel-Singen, Station Waldshut, dann mit SBG Bus 7322/7338 oder 7336/7340 über Bus-Bhf. nach Station Rhein-Camping.

78

Tiengen (D) Stadtbild

Tiengen bietet mit seiner geschäftigen Hauptstraße, ihren verwinkelten Nebengassen, dem malerischen Aufstieg zum Kirchplatz und den beiden Brunnen mit der Marien- und der Josef-Statue eines der schönsten Stadtbilder am deutschen Rheinufer.

Eine besondere Sehenswürdigkeit ist der Storchenturm, so genannt nach dem Storchennest auf seiner Spitze. Er war ursprünglich Teil der Stadtbefestigung, später diente er als Gefängnis. Ein Verein zur Restaurierung rettete ihn vor dem Verfall.

Was ?

Bummel über die belebte Hauptstraße und die Nebengassen mit ihrer zum Teil historischen Bebauung. Rast im Cafè Zwischen in den Räumen des „Hirschen", dem ältesten Gasthaus Tiengens, das von der Behindertenhilfe betrieben wird. Besuch des Storchenturms.

Wann ?

Außen jederzeit frei zugänglich.
Informationen zu Führungen:
Tourist-Information Waldshut
Wallstraße 26
Tel. +49-7751-833-200
oder
Bürgerbüro Tiengen im Rathaus
+49-7741-833-440
beide
tourist-info@waldshut-tiengen.de
www.waldshut-tiengen.de

Wo ?

Individualverkehr:
Von der B34 im Kreisverkehr in den Sulzerring, dann Hauptstr., Peter-Thumb-Str. und Schloss Garage.
ÖPNV:
Bahn 730 Basel-Singen, Station Tiengen, kurzer Fußweg über Schillerstr., Bahnhofstr. und Kirchplatz zur Hauptstraße.

79

Tiengen (D) Alte Ölmühle

Die Ölmühle in Tiengen wurde zu Beginn des 18. Jh. erstmals schriftlich erwähnt, ist aber sicher viel älter. Ihr Einzugsgebiet reichte bis St.Blasien und Bad Säckingen, aber auch viele Schweizer Bauern brachten ihre Früchte über die Fähre bei Kadelburg zum Pressen.

Verarbeitet wurden alle ölhaltigen Früchte wie Mohn, Walnüsse, Leinsamen , Raps oder Sonnenblumenkerne. Die Früchte wurden zuerst zwischen zwei Walzen zermahlen, dann in einer Pfanne erhitzt und in Tuch gepackt. Dieses kam dann in die Presse. Die Wasserkraft des Talbachs sorgte über ein außen liegendes Mühlrad und eine ausgeklügelte Holzkonstruktion aus Wellen und Zahnrädern für die nötige Kraft auf den Pressbalken. Heraus kam Öl, zurück blieb der trockene Ölkuchen, genutzt als Tierfutter, in Krisenzeiten aber auch von Menschen geschätzt. Die Mühle war bis in die Zeit nach dem 2. Weltkrieg in Betrieb. Ab 1995 erfolgte die Instandsetzung durch den Öhlmühleverein.

Was ?

Interessante Führungen mit Erklärungen zur Funktionsweise der Ölmühle und mit vielen Geschichten über Tiengen.
Der hochprozentige Ölmühlegeist erfreut nicht nur den Käufer sondern hilft auch dem Verein bei der Finanzierung der Unterhaltungskosten.

Wann ?

Öffnungszeiten:
Außen jederzeit frei zugänglich. Besichtigung nur für Gruppen gegen Voranmeldung.
Kontakt für Gruppenführungen:
Herr Hubert Boll
Tel. +49-7741-7799
Mob. +49-171-7718184
h.boll@architekt-boll.de

Wo ?

Fahrgasse 3
D-79761 Waldshut-Tiengen
Individualverkehr:
Von der B34 über die Hauptstraße und den Marktplatz in die Fahrgasse.
ÖPNV: Bahn 730 Basel-Singen bis Station Tiengen, dann über Bahnhofsstraße und Turmstraße in die Fahrgasse.

Tiengen (D) Stadtmühle

80

Die nahe der Kirche und dem Schloss gelegene Stadtmühle befindet sich nun seit rund 120 Jahren bereits in vierter Generation im Familienbesitz. Mit einer Leistung von bis zu 5 Tonnen am Tag gehört die Mühle zwar zu den kleineren Produzenten, aber dank ihrer hohen Verarbeitungsqualität lassen rund 70 Getreideerzeuger ihr Korn in Tiengen mahlen. Hauptsächlich Weizen, Roggen und Braugerste, aber auch ca. 50 Tonnen Dinkel werden pro Jahr verarbeitet.

Was ?

Hier können Sie nicht nur Mehl kaufen, sondern auch die Produktion unmittelbar besichtigen. Neben Mehl werden auch andere hochwertige Lebensmittel wie Honig, Äpfel, Müsli, Teigwaren und vieles mehr angeboten.
Dienstags gibt es frisches Brot.

Wann ?

Öffnungszeiten:
Mo bis Fr von 08:00 bis 12:00
und von 13:00 bis 18:00
Sa von 08:00 bis 14:00
Führungen:
für Schulklassen und Gruppen nach Vereinbarung.
Tel. +49-7741-2005
info@stadtmuehle-tiengen.de
www.stadtmuehle-tiengen.de

Wo ?

Korngasse 12
D-79761 Waldshut-Tiengen
Individualverkehr:
Von der B34 im Kreisverkehr in den Sulzerring, dann Hauptstr., Peter-Thumb-Str. und Schloss Garage
ÖPNV:
Bahn 730 Basel-Singen, Station Tiengen, kurzer Fußweg über Schillerstr., Bahnhofstr. und Kirchplatz.

Tiengen (D) Mariä Himmelfahrt

81

Den Urkunden nach könnte hier bereits im 8. Jh. eine Kirche gestanden haben, die in der Folge mehrmals erweitert wurde. Anfangs des 15. Jh. wurde dann eine gotische Kirche errichtet, von der noch das untere Turmgeschoss mit der heutigen Sakristei erhalten ist.

Die jetzige Kirche wurde vom Vorarlberger Peter Thumb, einem der bedeutendsten Barockbaumeister Süddeutschlands, Mitte des 18. Jh. im Barockstil errichtet. Zu seinen wichtigsten Werken gehören die Klosterkirchen von St. Gallen und Birnau am Bodensee.

Die Deckengemälde stammen vom damals erst 27 Jahre alten Eustachius Gabriel aus Oberschwaben. Sie zeigen über dem Altarraum die Verklärung Christi, im mittleren Kuppeljoch Mariä Himmelfahrt und an der Orgel Martyrium und Himmelfahrt der beiden Tiengener Stadtpatrone Sebastian und Agathe. Bei Renovierungsarbeiten wurde 1978 die Gruft der Grafen von Sulz mit 17 Särgen entdeckt, nach einer Untersuchung ruhen sie dort wieder in Frieden.

Was ?

Schöner Blick von der Korngasse.
Lohnenswerter Rundgang um die Kirche mit Kirchplatz und Altem Schloss.
Lichtdurchflutetes Kirchenschiff im Barockstil.
Drei große Deckengemälde.
Grabsteine an der Mauer zum Schloss.

Wann ?

Öffnungszeiten:
Außen jederzeit frei zugänglich.
Informationen:
+49-7741-2093
c.boger@st-verena.de

Wo ?

Kirchplatz
D-79761 Waldshut-Tiengen
Individualverkehr:
Von der B34 im Kreisverkehr in den Sulzerring, dann Hauptstr., Peter-Thumb-Str. und Schloss Garage
ÖPNV:
Bahn 730 Basel-Singen, Station Tiengen, kurzer Fußweg über Schillerstr., Bahnhofstr. und Kirchplatz.

ASCENDAMVS AD MONTEM
MVLTAE TRIBVLATIONE

Tiengen (D) Altes und Neues Schloss

Das Tiengener Schloss, auf einer Anhöhe über der Stadt gelegen, entwickelte sich seit dem 11. Jh. aus einem Wohnturm der Freiherren von Krenkingen.

Ende des 15. Jh. übernahmen die Grafen von Sulz Stadt und Schloss, die die Anlage erweiterten und Mitte des 16. Jh. das Neue Schloss errichteten. Im Dreissigjährigen Krieg wurde das Schloss schwer beschädigt und dann Mitte des 17. Jh. im spätgotischen Renaissance-Stil wieder aufgebaut.

Nach dem Aussterben der Sulzer kam das Schloss dann Ende des 17. Jh. an die Fürsten von Schwarzenberg, deren Interesse aber im Osten des Habsburgerreiches lag und die das Schloss ihren Beamten zur Verwaltung überliessen.

Zu Beginn des 19. Jh. kam Tiengen zum Großherzogtum Baden und das Schloss wurde Sitz von Behörden. 2013 wurde die Anlage dann an einen privaten Investor verkauft, der das Neue Schloss umfangreich renovierte.

Was ?

Imposante Anlage über der Stadt und schönes Gesamtensemble mit der Stadtpfarrkirche Mariä Himmelfahrt.
Schlosshof für Vernissagen und Jazz-Konzerte.
Klettgau Museum.

Wann ?

Öffnungszeiten:
Der Schlosshof ist frei zugänglich, die Gebäude sind privat.
Veranstaltungen im Schlosshof:
www.schlosstiengen.de>Kalender
Klettgau Museum:
Mai bis Sep
So von 10:00 bis 12:00
Führungen gegen Anmeldung unter
Tel. +49-162-1603795

Wo ?

Schlossplatz 2
D-79761 Waldshut-Tiengen
Individualverkehr:
Von der B34 im Kreisverkehr in den Sulzerring, dann Hauptstr., Peter-Thumb-Str. und Schloss Garage
ÖPNV:
Bahn 730 Basel-Singen, Station Tiengen, kurzer Fußweg über Schillerstr., Bahnhofstr. und Kirchplatz.

83

Tiengen (D)
Klettgau Museum

Das Klettgau Museum bietet eine umfangreiche Sammlung an Exponaten mit Bezug auf Tiengen und den Klettgau. Die Spanne reicht von archäologischen Funden, alten Dokumenten und Bildern bis zur ausführlichen Darstellung der langen jüdischen Tradition in Tiengen. Es findet sich aber auch Skurriles wie ein Pestsarg oder die Herzkapsel des Grafen Johann Ludwig II. zu Sulz mit der Inschrift „Jetzt ruht es hier im Tode aus, bei denen, die es unablässig geliebt haben".

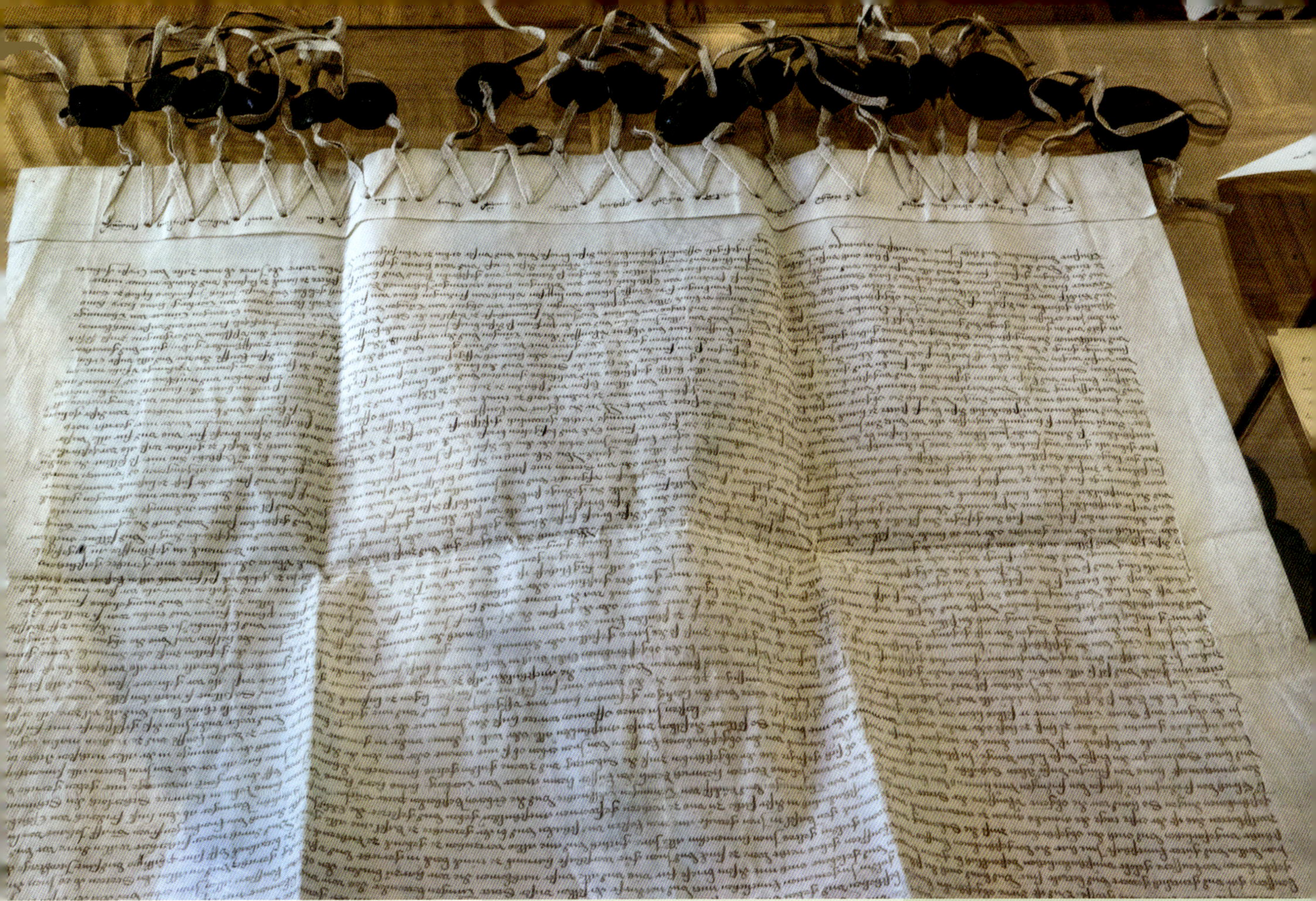

Was ?

Archäologische Funde.
Dokumente und Bilder.
Dokumentation des jüdischen Lebens in Tiengen und der Verfolgungen durch die Nazis.
Pestsarg und Herzkapsel.
Historische Gebrauchsgegenstände.
Modelle der Stadt Tiengen und des Schlossbereichs.

Wann ?

Öffnungszeiten:
Mai bis Sep
So von 10:00 bis 12:00
Führungen:
gegen Anmeldung unter
Tel. +49-162-1603795

Wo ?

Schlossplatz 2
D-79761 Waldshut-Tiengen
Individualverkehr:
Von der B34 im Kreisverkehr in den Sulzerring, Hauptstr., Peter-Thumb-Str. und Schloss Garage
ÖPNV:
Bahn 730 Basel-Singen, Station Tiengen, kurzer Fußweg über Schillerstr., Bahnhofstr. und Kirchplatz.

84

Tiengen (D) Jüdischer Friedhof

Die erste urkundliche Erwähnung einer jüdischen Bevölkerung in Tiengen stammt aus der Mitte des 15. Jh.. In der Mitte des 19. Jh. erreichte ihr Anteil an der Gesamtbevölkerung 15-20 Prozent, ging dann aber in Folge der vollen Gleichberechtigung für alle badischen Juden ab 1862 durch Umzug in andere Orte stark zurück.

Der jüdische Friedhof wurde seit der zweiten Hälfte des 18. Jh. genutzt. In der Pogromnacht im November 1938 wurde er, ebenso wie die Synagoge und andere jüdische Einrichtungen, verwüstet.

Die Grabsteine wurden zum Bau einer Stützmauer verwendet. Nach 1945 wurde eine Gedenkstätte eingerichtet, ein Gedenkstein führt die Namen von Bürgern auf, die auf dem Friedhof begraben waren. Im Jahr 2000 wurde eine Stele aus alten Grabsteinen errichtet.

Dabei fällt der Name Guggenheim auf, und tatsächlich stammt diese Dynastie amerikanischer Milliadäre bis hin zur Museumsgründerin Peggy Guggenheim aus der Region um Tiengen. Simon Meyer Guggenheim aus Lengnau, Witwer und Vater von 6 Kindern und Rachel Weil Meyer, Witwe und Mutter von 7 Kindern, wohnhaft in Tiengen, wollten heiraten, doch der Gemeindevorstand von Lengnau verweigerte seine Zustimmung aus Angst, die Kinder später eventuell unterhalten zu müssen. Daraufhin wanderte die Familie nach Amerika aus, machte dort ein Vermögen und kontrollierte 70 Jahre später rund 80 Prozent der weltweiten Produktion an Silber, Kupfer und Blei.

Was ?

Gedenkstein mit den Namen von 50 Bürgern, die auf dem Friedhof begraben waren.
Stele aus alten Grabsteinen, die 1938 in eine Stützmauer eingebaut wurden.
Alte Grabsteine entlang der Mauer.

Wann ?

Außen jederzeit frei zugänglich.
Schlüssel zum Friedhof:
Bürgerbüro im Rathaus Tiengen
Hauptstraße 34
D-79761 Waldshut-Tiengen
Tel. +49-7741-833-440
Mo bis Fr von 08:00 bis 12:00
zusätzlich Mi von 16:00 bis 18:00

Wo ?

Der Friedhof liegt an der Kreuzung der Feldbergstraße mit der Bahn.
Individualverkehr:
Von der B34 im Kreisverkehr in die Feldbergstraße.
ÖPNV:
Bahn 730 Basel-Singen, Station Tiengen, vom Bahnhof über Am Bahndamm in die Feldbergstraße.

Kapitel III

Zwischen Klingnau und Eglisau

Kapitel III
Zwischen Klingnau und Eglisau

85	S. 232	Klingnau - Stadtbild
86	S. 234	Klingnau - Kirche
87	S. 236	Klingnau - Schloss
88	S. 238	Klingnau - Stausee
89	S. 240	Tegerfelden - Weinbaumuseum
90	S. 244	Endingen - Feuerwehrmuseum
91	S. 250	Jüd. Kulturweg - Endingen Synagoge
92	S. 252	Jüd. Kulturweg Israelitischer Friedhof
93	S. 254	Jüd. Kulturweg - Lengnau Synagoge
94	S. 256	Jüd. Kulturweg - Lengnau Erinnerungen
95	S. 258	Küssaburg
96	S. 260	Bad Zurzach - Tierpark
97	S. 262	Bad Zurzach - Messehäuser
98	S. 264	Bad Zurzach - Museum Höfli
99	S. 266	Bad Zurzach - Verenamünster
100	S. 268	Bad Zurzach - Kastell Tenedo
101	S. 270	Bad Zurzach - Bohrtürme/Barzmühle
102	S. 272	Bad Zurzach - Thermalbad & Spa
103	S. 274	Bad Zurzach - Kurpark
104	S. 276	Bad Zurzach - Papa Moll
105	S. 280	Bad Zurzach - Wassersinfonie
106	S. 282	Bad Zurzach - Regibad
107	S. 284	Rietheim - „Chly Rhy“
108	S. 286	Kaiserstuhl - Oberer Turm
109	S. 288	Kaiserstuhl - Stadtbild
110	S. 290	Hohentengen - Kunstweg
111	S. 292	Hohentengen - Burg Rötteln
112	S. 294	Hohentengen - Ruine Weißwasserstelz
113	S. 296	Hohentengen - Weingut Engelhof

114	S. 298	Glattfelden Gottfried-Keller-Zentrum
115	S. 300	Eglisau - Stadtbild
116	S. 306	Eglisau - Kirche
117	S. 308	Eglisau - Weierbachhus
118	S. 312	Eglisau - Brücken
119	S. 314	Eglisau - Schifffahrt auf dem Rhein
120	S. 318	Eglisau - Weinwanderweg
121	S. 320	Eglisau - Weingut Pircher
122	S. 322	Wil ZH - Weingut Neukom

RHEIN
7
107
95
88
BAD ZURZACH
106
87
113
105
104
103
102
86
101
100
99
98
85
96
97
89
TEGERFELDEN
ENDINGEN
90
91
92
93
94

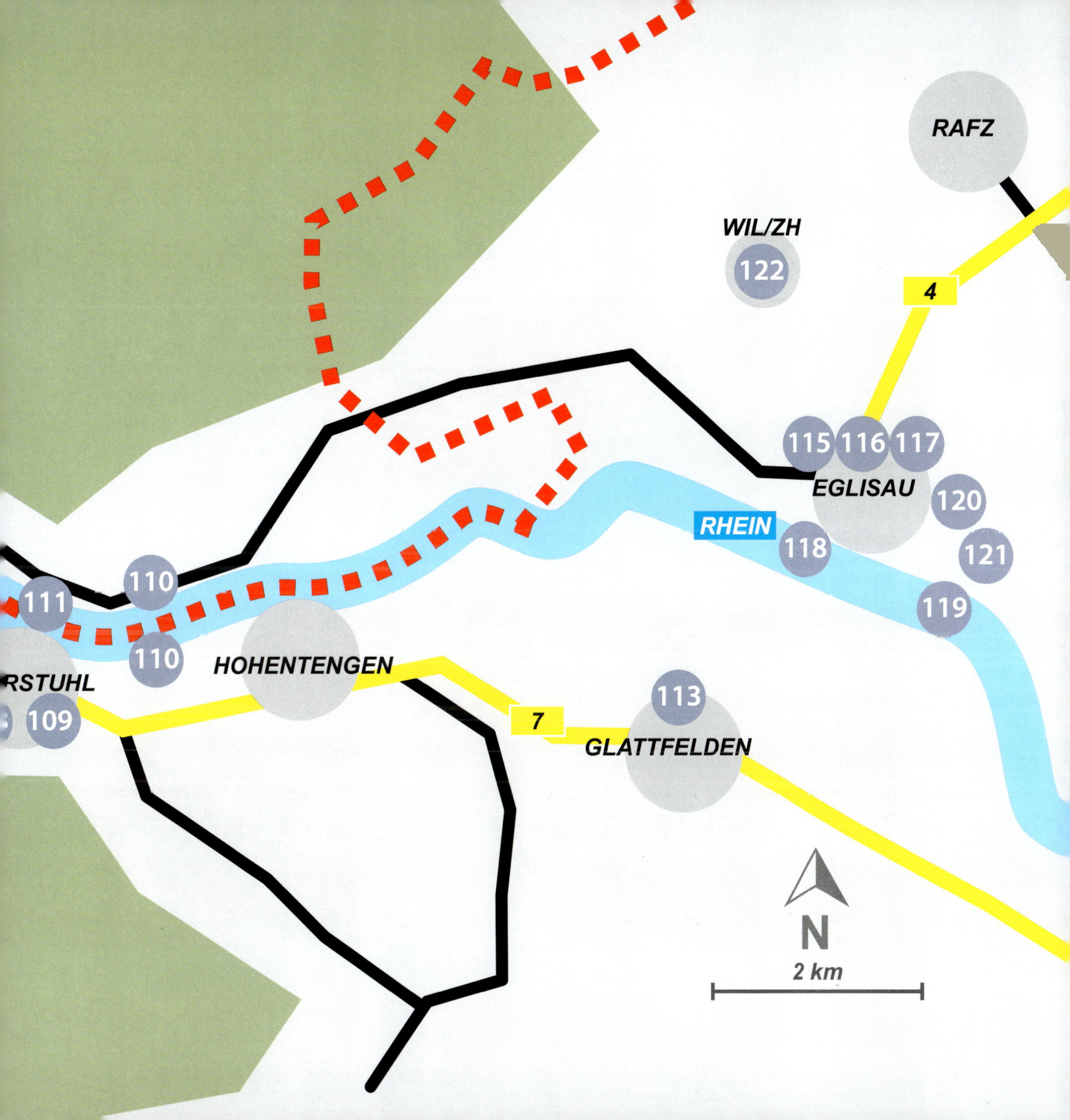
RAFZ
WIL/ZH
122
4
115
116
117
EGLISAU
120
RHEIN
118
121
119
110
111
110
HOHENTENGEN
RSTUHL
109
113
7
GLATTFELDEN
N
2 km

Klingnau (CH) Stadtbild

85

Die Altstadt von Klingnau besteht aus zwei eng bebauten Häuserzeilen rund um die Kirche. Das heute von der Kantonspolizei genutzte Staffelgiebelhaus ist ein typisches Beispiel für die dreigeschossigen Bürgerhäuser des 18. und 19. Jahrhunderts. Auch die Rückseiten haben ihren Charme.

Am Rand der Altstadt steht die mächtige Probstei, die Mitte des 18. Jh. nach Plänen von J.C. Bagnato für das Benediktinerkloster St. Blasien errichtet wurde und das heute als Verwaltungs- und Schulgebäude genutzt wird.

Was ?

Einmal rund um die Kirche und die schönen Altstadtfassaden bewundern.
Besuch der Stadtkirche mit gotischem Chor.
Die idyllischen Rückseiten der Häuser nicht übersehen.
Mächtige Probstei von St. Blasien.

Wann ?

Außen jederzeit frei zugänglich.

Wo ?

Sonnengasse und Schattengasse
CH-5313 Klingnau
Individualverkehr: Von der H5 Koblenz-Brugg über die Dorfstrasse oder Weiherstrasse in die Schattengasse.
ÖPNV: Mit der S27 von Waldshut, Bad Zurzach oder Baden und der S19 von Koblenz. Dann über die Narrengasse in die Sonnen- und Schattengasse.

86

Klingnau (CH) Stadtkirche

Der Ursprung der Kirche geht auf die Mitte des 13. Jh. zurück. Aus dieser Zeit stammt auch der unterste romanische Teil des Turms. Der spätgotische Chor wurde in der zweiten Hälfte des 15. Jh. erbaut, das Sakramentshäuschen gehört zu den Hauptwerken der hochrheinischen Plastik. Das Kirchenschiff wurde 1968/69 neu errichtet.

Patronin der Kirche ist die hl. Katharina von Alexandrien, deren Grab sich auf dem Sinai beim Katharinenkloster befindet.

Was ?

Gotische Fenster mit Wappenscheiben.
Statuen aus der Spätgotik und dem Barock.
Spätgotisches Sakramentshäuschen.
Fresko mit der Darstellung des hl. Niklaus von Flüe.

Wann ?

Aussen jederzeit frei zugänglich.
Innen täglich von 08:00 bis 20:00 am Seiteneingang.
Pfarreisekretariat:
Sonnengasse 28
CH-5313 Klingnau
Tel. +41-56-2452200
kath.pfarramt.klingnau@bluewin.ch
Mo, Mi und Fr von 10:00 bis 11:00
Do von 10:00 bis 12:00

Wo ?

Zwischen Sonnen- und Schattengasse
CH-5313 Klingnau

Individualverkehr: Von der H5 Koblenz-Brugg über die Dorfstrasse oder Weiherstrasse in die Schattengasse.
ÖPNV: Mit der S27 von Waldshut, Bad Zurzach oder Baden und der S19 von Koblenz. Dann über die Narrengasse in die Sonnen- und Schattengasse.

Klingnau (CH) Schloss

Das ursprüngliche Schloss wurde Mitte des 13. Jh. durch Ulrich von Klingen errichtet und umfasste Bergfried, Ringmauer und einen Wohnturm. Gegen Ende des Jahrhunderts verkaufte sein Sohn Schloss mitsamt Städtchen an den Bischof von Konstanz.

Aufgrund seiner Baufälligkeit wurde das Schloss gegen Ende des 17. Jh. komplett abgerissen und neu gebaut.

Heute ist das Schloss ein beliebter Ort für Trauungen, und der Rittersaal eignet sich für Feierlichkeiten aller Art.

Was ?

Ansehnliches Schloss am Rand der Altstadt von Klingnau. Romantisches Trauungszimmer. Rittersaal für Festlichkeiten

Wann ?

Öffnungszeiten:
Außen: jederzeit frei zugänglich.
Innen: An Tagen des Offenen Schlosses oder nach Vereinbarung
Tel. +41-56-2454173
www.schlossverein.ch > Anlässe
Raumreservierungen:
Te. +41-56-2692100
raumreservation@klingnau.ch

Wo ?

Dorfstrasse 1
CH-5313 Klingnau
Individualverkehr:
Von der H5 Koblenz-Brugg in die Dorfstrasse.
ÖPNV:
Mit der S27 von Waldshut, Bad Zurzach oder Baden und der S19 von Koblenz. Dann über die Grabenstrasse in die Dorfstrasse.

Klingnau (CH) Stausee

88

Am Ausgang des unteren Aaretals, kurz vor der Mündung der Aare in den Rhein, befand sich ursprünglich ein weitläufiges Auengebiet, das bereits zum Ende des 19. Jh. durch die Regulierung der Aare weitgehend zerstört wurde. Im Zusammenhang mit dem Bau des Kraftwerkes Klingnau entstand dann 1935 der rund 1,5 Quadratkilometer grosse Klingnauer Stausee.

Die durch die stetige Verlandung des Stausees entstandenen Schlickflächen, Schilfgebiete und neuen Auwälder bilden mittlerweilen wieder einen einzigartigen Lebensraum für Tiere und Pflanzen. Insbesondere für Wasservögel und Limikolen, wie den Regenpfeifer oder den Kiebitz, bietet der Stausee einen optimalen Rast- und Brutplatz. Bisher wurden über 300 Vogelarten nachgewiesen, die im Rahmen von Wasservogelzählungen systematisch erfasst werden. Aber auch zahlreiche andere Tierarten wie Biber, Ringelnatter und Fledermäuse fühlen sich am Stausee zu Hause.

Was ?

Schöner Spazier- und Radweg auf dem Deich von Klingnau bis zum Kraftwerk, kann durch Überqueren des Kraftwerks auch zum Rundweg ausgeweitet werden.
Blick über den See vom Beobachtungsturm mit Informationstafeln am westlichen Ufer.
Erhaltene Auengebiete wie das Giriz und das Gippinger Grien.

Wann ?

Jederzeit frei zugänglich.

Wo ?

Infos über den See und die Auengebiete Giriz und Gippinger Grien: www.klingnauerstausee.ch
Individualverkehr: Von der H5 Koblenz-Brugg über die Dorfstrasse in die Stauseestrasse.
ÖPNV: Mit der S27 von Waldshut, Bad Zurzach oder Baden und der S19 von Koblenz. Dann über die Grabenstr. und Dorfstr. in die Stauseestrasse.

89

Tegerfelden (CH) Aargauer Weinbaumuseum

Die Geschichte des Weinbaumuseums geht auf eine alte Weissweintrotte vom Ende des 18. Jh. zurück. 1980 formierte sich eine Interessensgemeinschaft aus Tegerfelder Einwohnern, die sich für den Erhalt der Trotte einsetzten und so die Eröffnung des Weinbaumuseums 1986 ermöglichten.

Heute zeigt das Museum auf vier Stockwerken über tausend Exponate, darunter eine vollständige Küferei-Einrichtung, alte Fässer, Abfüllmaschinen, eine Weinpresse und vieles mehr.

Was ?

Ausstellung zum Aargauer Wein mit über tausend Exponaten.
Aargauer Wein im Museumsshop kaufen.
Weindegustation in der gemütlichen Weinstube.
Kulturraum für Hochzeitsfeiern und andere Veranstaltungen.

Wann ?

Öffnungszeiten:
Von Apr. bis Okt
am 1. und 3. So im Monat
von 14:00 bis 17:00
oder nach Vereinbarung über die Gemeindekanzlei Tegerfelden
Tel. +41-56-2452700
info@weinbau-museum.ch
www.weinbau-museum.ch

Wo ?

Aargauisches Kantonales
Weinbau-Museum
Oberfelden 9
CH-5306 Tegerfelden
Individualverkehr:
Von der H17 Döttingen - Endingen in Tegerfelden in die Strasse Oberfeld.
ÖPNV:
Bus von Baden, Brugg, Döttingen oder Bad Zurzach.

Der Aargauer Wein ist, obwohl das viertgrösste Weinanbaugebiet der Deutschschweiz, selbst in der Schweiz noch wenig bekannt. Das mag daran liegen, dass viele der rund 800 Winzerinnen und Winzer ihren Wein direkt vermarkten.

Auf den rund 400 Hektar Rebfläche des Kantons werden derzeit rund 64 verschiedene Rebsorten angebaut. Den grössten Anteil daran hat der Pinot Noir oder Blauburgunder mit rund 200 Hektar Rebfläche.

Das Weinbaumuseum bietet einen guten Überblick über die Vielfalt der Aargauer Weine.

AARGAUER WII
AARETAL
AARETAL
AARETAL

L-J
5897
T 117

90

Endingen (CH) Feuerwehrmuseum

Das Feuerwehrmuseum in Endingen besteht eigentlich aus drei Museen unter einem Dach, denn neben der grössten Ausstellung zum Thema Feuerwehr in der Schweiz kann der Besucher auch eine umfangreiche Sammlung landwirtschaftlicher Geräte sowie im Handwerker-Museum die Gerätschaften von mehr als 60 historischen Berufen bestaunen.

Die Sammlung geht auf das Ehepaar Huber zurück, die in den 70er Jahren Feuerwehr- und Handwerkerutensilien zusammentrugen und diese dann Ende der 90er in einem Museum zugänglich machten. Nach ihrem Tod übernahm der Unternehmer Samuel Wehrli 2013 Gebäude und Sammlung und sicherte so deren Bestand.

Zu den Prunkstücken des Feuerwehrmuseums gehört die wohl älteste Drehleiter der Welt. Das Landwirtschaftsmuseum bietet eine Sammlung historischer Gerätschaften und im Handwerkermuseum lernt man ausgestorbene Berufe wie Deuchelbohrer und Feldmauser kennen.

Was ?

Drei Museen unter einem Dach.
Das grösste Feuerwehrmuseum der Schweiz.
Sammlung historischer Geräte aus der Landwirtschaft.
Darstellung von mehr als 60 historischen Berufen mit ihren Geräten und Werkstätten.

Wann ?

Führungen für Gruppen und Kleingruppen gegen Voranmeldung:
Tel. +41-56-2421769
mail@afhm.ch
Stärkung in der Spritzhüsli-Beiz:
Getränke drinnen oder im Garten
Essen gegen Voranmeldung
+41-56-2421769
www.afhm.ch

Wo ?

Museum für Feuerwehr, Handwerk, Landwirtschaft
Schöntal 4
CH-5304 Endingen
Individualverkehr: Das Museum liegt an der H17 zwischen Endingen und Lengnau ca. 1 Kilometer nach Endingen.
ÖPNV: Mit dem Bus von Baden oder Döttingen bis Station „Endingen-Schöntal".

Hürlimann

BAUERNLAND
SCHWEIZ

Jüd. Kulturweg - Endingen (CH) Synagoge

Nachdem die jüdische Bevölkerung Endingens in der ersten Hälfte des 19. Jh. auf über tausend Menschen angewachsen war, entschloss man sich, die seit der Mitte des 18. Jh. genutzte Synagoge durch einen Neubau zu ersetzten. Dieser konnte, nach Plänen des Badner Architekten Caspar Joseph Jeuch errichtet, Mitte des Jahrhunderts vollendet werden. Der Stil verbindet Klassizismus und maurische Elemente wie das Hauptportal sowie die Rundbögen und Ornamente im Schiff.

Was ?

Maurisch anmutendes Hauptportal mit Flechtwerkornamenten. Innenraum im maurischen Mudejarstil.
Von der ursprünglich vollständigen Dekorationsmalerei ist nur noch die des Hauptschiffes erhalten. Toraschrein mit Samtvorhang.

Wann ?

Öffnungszeiten:
Aussen jederzeit frei zugänglich. Die Schlüssel für den Haupteingang und für die Frauenempore erhält man gegen Voranmeldung und Hinterlegung eines Ausweises im Jüdischen Altenheim Magora.
Grabenstrasse 9
CH-5426 Lengnau
Tel. +41-56-2665454

Wo ?

Eibenweg
CH-5304 Endingen
Individualverkehr:
Von der H17 in die Weidgasse und den Hintersteig.
ÖPNV:
Mit dem Bus von Baden oder Döttingen bis Station „Endingen-Post".

Jüd. Kulturweg (CH) Israelitischer Friedhof

92

Was ?

Der Friedhof entstand Mitte des 18. Jh. und ist damit der älteste noch existierende jüdische Friedhof der Schweiz. Er wird heute noch genutzt. Der älteste Friedhofsteil aus der zweiten Hälfte des 18. Jh. liegt an der Mauer zur N17 Richtung Lengnau. Männer, Frauen und Kinder sind in separaten Grabreihen bestattet.

Wann ?

Öffnungszeiten:
Aussen jederzeit frei zugänglich. Die Schlüssel für den Eingang erhält man gegen Voranmeldung und Hinterlegung eines Ausweises im Jüdischen Altenheim Magora.
Grabenstrasse 9
CH-5426 Lengnau
Tel. +41-56-2665454

Wo ?

Der Friedhof liegt an der N17 auf ca. halben Weg zwischen Endingen und Lengnau
Individualverkehr:
Von der H17 in den Bühlhof..
ÖPNV:
Mit dem Bus von Baden oder Döttingen bis Station „Israelitischer Friedhof".

Jüd. Kulturweg - Lengnau (CH) Synagoge

93

In Lengnau entstand Mitte des 18. Jh. die erste Schweizer Synagoge der Neuzeit. Rund hundert Jahre später wurde die heutige Synagoge vom Zürcher Architekten Ferdinand Stadler, im Stil des Historismus mit Rundbögen in der Formensprache der Romanik, errichtet. Vorbild des Entwurfs war wohl die Synagoge in Kassel.

Die Eingangsfront der mitten im Dorf stehenden Synagoge mit dem Hauptportal und den beiden Eingängen zur Frauenempore ist auf den Dorfplatz gerichtet.

Was ?

Stimmungsvolles Inneres durch das Zusammenspiel von Architektur, Dekormalerei und viel Licht. Mächtiger Toraschrein an der Stirnwand.
Gesonderte Eingänge zur Frauenempore, auf der die Frauen durch zierliche Holzgitter an den Toralesungen, Gebeten und Gesang teilhaben konnten.

Wann ?

Öffnungszeiten:
Aussen jederzeit frei zugänglich.
Die Schlüssel für den Haupteingang und für die Frauenempore erhält man gegen Voranmeldung und Hinterlegung eines Ausweises im Jüdischen Altenheim Magora.
Grabenstrasse 9
CH-5426 Lengnau
Tel. +41-56-2665454

Wo ?

Die Synagoge steht auf dem Dorfplatz von Lengnau.
Individualverkehr:
Von der H17 in die Vogelsangstrasse.
ÖPNV:
Mit dem Bus von Baden oder Döttingen bis zur Station „Lengnau-Brücke".

Jüd. Kulturweg - Lengnau (CH) Erinnerung

94

Die jüdische Geschichte von Lengnau und seiner Nachbargemeinde Endingen geht auf die Mitte des 17. Jh. zurück. Ab 1776 waren das die beiden einzigen Orte in der Eidgenossenschaft, in denen sich Juden niederlassen durften. Die Ausübung von Handwerk und Landwirtschaft war ihnen verboten, ebenso der Erwerb von Häusern. Daher liehen sie christlichen Mitbürgern Geld zum Hauskauf und mieteten sich dann ein. Da sie aber nach dem Gesetz „nicht beieinander wohnen sollten" wurde die Doppeltür für Christen und Juden erfunden, wie man sie heute noch in Lengnau sehen kann.

Die Mikwe, das Tauchbad, ist ein wesentliches Ritual der jüdischen Religion. Sie ist auch der Ursprung der christlichen Taufe.

Benutzt wird sie von Frauen erstmals vor dem Hochzeitstag und danach nach jeder Entbindung und Menstruation. In Lengnau befindet sich die älteste erhaltene Mikwe der Schweiz aus der Mitte des 19. Jh..

Was ?

Älteste erhaltene Mikwe der Schweiz.
Doppeltüren als Symbol der Umgehung sinnloser Regeln.
Wer mehr über das jüdische Leben im Aargau erfahren möchte, der lese das Buch MELNITZ von Charles Lewinsky.

Wann ?

Aussen jederzeit frei zugänglich.

Wo ?

Jüdische Wohnhäuser:
Vogelsangstrasse 13
Zürichstrasse 14
Mikwe:
Spycherweg
Individualverkehr:
Von der H17 in die Vogelsangstrasse.
ÖPNV:
Mit dem Bus von Baden oder Döttingen bis „Lengnau-Brücke“.

Küssaburg (D)

95

Die Küssaburg gehört zu den bedeutendsten historischen Baudenkmälern am Hochrhein. Von der ursprünglichen Burg, die vermutlich in der ersten Hälfte des 12. Jh. errichtet wurde, sind keine sichtbaren Überreste erhalten. Die erhalten gebliebenen Ruinen stammen von einer späteren Festung aus dem 16. Jh., die angeblich 136 Zimmer enthalten hat. Zerstört wurde sie im Dreißigjährigen Krieg von der eigenen Besatzung, die damit einem heranziehenden schwedischen Heer zuvor kommen wollte.

Was ?

Eindrucksvolle Ruinen einer der mächtigsten Burgen am Hochrhein.

Prächtige Aussicht, bei klarem Wetter bis zu den Schweizer Alpen, mit Überraschungsbesuchen brauchten die Burgherren nicht zu rechnen.

Gaststätte „Küssaburg" am Parkplatz.

Wann ?

Ruine:
jederzeit frei zugänglich.
Gaststätte Küssaburg:
Mi bis So von 10:00 bis 22:00.
Tel. +49-7742-5239
kontakt@gasthaus-kuessaburg.de

Wo ?

Schlossbergstraße
D-79790 Küssaburg
Individualverkehr:
Von der L61 in Rheinheim auf die L162, dann über die K6574 nach Küßnach, dort in die Schlossbergstraße, vom Parkplatz ca. 500 Meter Fußweg.
ÖPNV: Bus 7340.1 von Waldshut BusBhf. nach Station „Küssaburg".

96

Bad Zurzach (CH) Tierpark

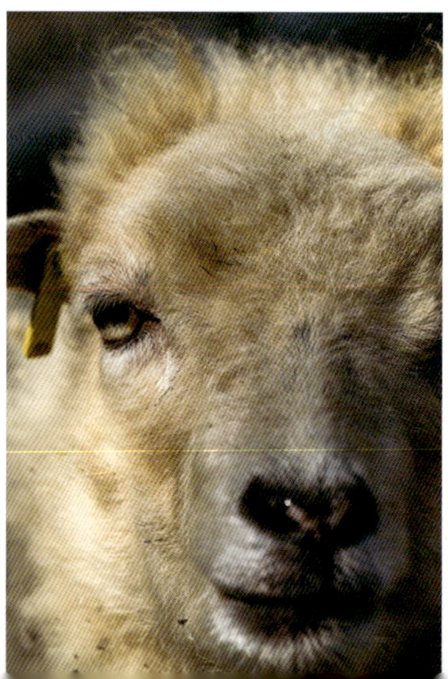

Was ?

Überschaubarer aber schön angelegter Tierpark mit hauptsächlich einheimischen Bewohnern.
Die Tiere sind zutraulich und lassen sich gerne streicheln.
Originelle Wetterstation.
Kleines Restaurant und Cafè oberhalb des Parks.

Wann ?

Wildpark:
Jederzeit frei zugänglich. Fütterung zwischen 09:00 und 12:00
www.tierpark-badzurzach.ch
Restaurant Cafè Tierpark:

Mi	von 11:30 bis 20:30
Fr und Sa	von 11:30 bis 18:00
So	von 10:30 bis 18:00

Tel. +41-56-2490679
info@cafe-tierpark.ch
www.cafe-tierpark.ch

Wo ?

An der Verbindungsstrasse zwischen Bad Zurzach und Tegerfelden gelegen.

Bad Zurzach (CH) Messehäuser

97

Ausgangspunkt der Zurzacher Messe waren die am 1. September stattfindenden Wallfahrten zum Grab der hl. Verena. Begünstigt durch die geographische Lage an der Mündung von Aare und Rhein entwickelte sich daraus eine Warenmesse, die bald zweimal im Jahr abgehalten wurde. Dauerte sie ursprünglich nur jeweils einen Tag, waren es im 18. Jh. schon zwei Wochen. Zurzach entwickelte sich zum wichtigsten Handelsort der Nordschweiz, der vor allem von Grosshändlern besucht wurde. Gehandelt wurde mit landwirtschaftlichen Produkten, Leder, Stoffen, Seidenbändern aber auch Büchern und Drucken.

Da die Zurzacher das Recht hatten, während der Messe Besucher zu beherbergen und Wein auszuschenken, bauten sie in ihren Häusern möglichst viele Warengewölbe und Herbergszimmer ein, stockten die Gebäude auf und erweiterten sie. Die Messehäuser zeugen noch heute von einem ausgeprägten Gewinnstreben.

Was ?

Die meisten Messehäuser stehen in der Hauptstrasse Richtung Tegerfelden und in der Schwertgasse. Ein besonders schönes Beispiel eines von Laubengängen umschlossenen Innenhofes findet man im Hotel und Gasthof zur Waag in der Hauptstrasse 25.

Wann ?

Außen jederzeit frei zugänglich.

Wo ?

Individualverkehr:
Bad Zurzach liegt an der H7
ÖPNV:
Bhf. SBB von Winterthur, Baden, Brugg oder Waldshut. Vom Bhf. durch das Rosengässli in die Schwertgasse.

Bad Zurzach (CH) Museum Höfli

98

Das Museum zeigt einen Überblick der Geschichte Bad Zurzachs von römischen Fundstücken aus dem Castell Tenedo bis hin zu den Miedern der ortsansässigen Firma Triumph International. Ein Schwerpunkt sind dabei natürlich die Messehäuser. Ein Bereich ist dem Bächli-Laden gewidmet, ein Kolonialwarenladen in dem man Dinge kaufen konnte, die es sonst nirgendwo mehr gab. Der 1910 gegründete Laden bestand 100 Jahre, als ihn der Sohn des Gründers aus Altersgründen aufgab.

Was ?

Stosszähne eines Mammuts. Funde aus dem römischen Castell Tenedo. Modelle von regionalen Burgen. Alte Handwerksgeräte. Modell eines Messehauses und Ausstellungsstücke zum Thema Messe wie alte Spielkarten. Gangwerk einer alten Turmuhr. Miedermodelle der Fa. Triumph International.

Wann ?

Öffnungszeiten:
Täglich von 14:00 bis 17:00
Führungen nach Vereinbarung:
Tel. +41-56-2492592
www.museumzz.ch

Wo ?

Bezirksmuseum Höfli
Quellenstrasse 1
CH-5330 Bad Zurzach
Individualverkehr: In Bad Zurzach von der H7 in die Hauptstrasse/Ecke Quellenstrasse.
ÖPNV: Bhf. SBB von Winterthur, Baden, Brugg oder Waldshut. Vom Bhf. durch das Rosengässli und die Schwertgasse in die Hauptstrasse.

Bad Zurzach (CH) Verenamünster

99

Die ursprünglich aus Ägypten stammende Verena lebte als wundertätige Einsiedlerin am Hochrhein. Ihr Grab befindet sich in der gotischen Krypta des Münsters, dessen Vorgängerbau auf das 5. Jh. zurück geht. Die heutige Kirche wurde Mitte des 14. Jh. errichtet und Anfang des 18. Jh. durch Giovanni Gaspare Bagnato barockisiert. Sie gilt als das älteste gotische Bauwerk am Hochrhein und ist Ziel der Wallfahrten zur hl. Verena, insbesondere an ihrem Feiertag, dem 1. September.

Was ?

Gotische Krypta mit dem Grab der hl. Verena, Zugang von der südlichen Aussenseite der Kirche. Barocker Hochaltar und Chorgestühl.
Statue der hl. Verena aus dem 16. Jh..
Schöne Kanzel vom Ende des 17. Jh.
Epitaphe der ehem. Chorherren an den Seitenwänden.

Wann ?

Öffnungszeiten:
Außen jederzeit frei zugänglich.
Innen täglich von 08:00 bis 20:00
Informationen:
Sekretariat Pfarrei St. Verena
Tel. +41-56-2697550
Mo bis Fr von 08:00 bis 12:00
sekretariat@st-verena.ch
www.st-verena.ch

Wo ?

Individualverkehr:
In Bad Zurzach von der H7 in die Hauptstrasse, das Münster liegt an der Ecke Kirchgasse und Hauptstrasse.
ÖPNV:
Bhf. SBB von Winterthur, Baden, Brugg oder Waldshut. Vom Bhf. durch das Rosengässli und die Schwertgasse in die Hauptstrasse.

100

Bad Zurzach (CH) Kastell Tenedo

Nach dem Rückzug der Römer auf den Rhein begann unter Kaiser Diokletian gegen Ende des 3. Jh. die Neubefestigung der Rheingrenze. Unter den Kaisern Konstantin und Valentinian I. wurde der Bau fortgesetzt und die Befestigungen verstärkt. In diese Zeit fällt die Errichtung der Rheinbrücke bei Tenedo, dem heutigen Bad Zurzach.Die linksrheinische Seite war von einem mächtigen Doppelkastell geschützt, auf der rechtsrheinischen Seite befand sich ein Brückenkopf, das heutige Rheinheim.

Nach dem Abzug der römischen Truppen zu Beginn des 5. Jh. suchte die einheimische Zivilbevölkerung in den Kastellmauern Schutz.

Heute sind von dem Kastell nur mehr einige der flussabgewandten Mauern erhalten. Die zur Flussseite liegenden Mauern sind vermutlich im Laufe der Jahre in den Rhein gestürzt.

Der Legende nach entstand beim Kastell bereits im 5. Jh. eine der hl. Verena geweihte Kirche.

Was ?

Überreste eines römischen Kastells aus dem späten 3. Jh..
Im Umfeld des Kastells einige schöne alte Häuser.

Wann ?

Jederzeit frei zugänglich.

Wo ?

Individualverkehr:
Von der H2 über die Mitskirchstrasse in den Burghaldenweg.
ÖPNV:
Bhf. SBB von Winterthur, Baden, Brugg oder Waldshut, dann kurzer Fussweg vom Bahnhof über die Mitskirchstrasse in den Burghaldenweg.

Bad Zurzach (CH) Bohrtürme und Barzmühle

101

Der erste Bohrturm in Bad Zurzach wurde zu Beginn des 20. Jh. zur Gewinnung von Salz errichtet. Kurze Zeit später stiess man auf heisses Wasser, mit dem das Thermalbad Zurzach versorgt wurde. In den 70er Jahren wurden die Türme stillgelegt. Einer dient heute als Salzmuseum. Durch ein Guckloch kann man ins Innere mit der Solepumpe blicken, und diese auch durch Knopfdruck in Betrieb nehmen. Eine Schautafel informiert über die Salzgewinnung.

Rund einen Kilometer stromabwärts liegt die Barzmühle. Eine erste Mühle wurde bereits Mitte des 15. Jh. als Schiffsmühle errichtet und war im Besitz des Bischofs von Konstanz. Die Mühle durchlebte eine wechselhafte Geschichte mit zahlreichen Eigentümern. Das bestehende Gebäude stammt aus der zweiten Hälfte des 19. Jh. und gehört heute einer Stiftung. Die Mühle beherbergt ein Getreideanbaumuseum sowie eine Schmiedewerkstatt und gilt als die einzige intakte Getreidemühle am freifliessenden Rhein.

Was ?

Bohrtürme zur Salzgewinnung.
Salzmuseum mit Guckloch.
Einzige intakte Getreidemühle am freifliessenden Rhein.
Getreideanbaumuseum.
Schmiedewerkstatt.
Schöner Spaziergang am Rheinufer von den Bohrtürmen zur Mühle.

Wann ?

Von aussen jederzeit frei zugänglich. Vereinbarung von Besichtigungsterminen und Gruppenführungen:

Bohrtürme:
Herr Rolf Gross
Tel. +41-56-2492554

Barzmühle:
Herr Gottfried Rudolf
Tel. +41-56-2491414
Mob. +41-79-3758602

Wo ?

Am besten nutzt man die Parkplätze der Sportanlage Ecke Barzstrasse und Rosseisenstrasse.

Individualverkehr:
Von der H7 über die Mittskirchstrasse in die Barzstrasse.

ÖPNV:
Bhf. SBB von Winterthur, Baden, Brugg oder Waldshut. Dann mit Bus bis Station „Salzstrasse".

102

Bad Zurzach (CH) Thermalbad & Spa

Die Geschichte des Thermalbades geht bis auf das Jahr 1955 zurück. Seitdem wird das Wasser aus einer alkalischen Glaubersalztherme in 430 Metern Tiefe genutzt, dessen Temperatur an der Fassung noch 40 Grad Celsius beträgt.

Neben therapeutischen Zwecken für Bade- aber auch Trinkkuren dient die Therme heute vor allem der Entspannung und dem Badespass. Dafür stehen vier Innenbecken und fünf Aussenbecken mit einer totalen Wasserfläche von rund 2.000 Quadratmetern zur Verfügung. Besonderheiten wie das Papa Moll Kinderbad, ein Intensiv-Solebad in einer Grotte oder ein Flussbad mit kleinem Wasserfall runden das Angebot ab.

In einem dreistöckigen Nachbau eines hölzernen Salzbohrturms bietet die Therme einen grossen Saunabereich. Dazu werden ein Fitnesscenter sowie ein Wellnessbereich für Kosmetik und Massage angeboten.

Was ?

Thermalquelle für Therapien und Badespass.
Vier Innen- und fünf Aussenbecken mit rund 2.000 Quadratmeter Gesamtfläche.
Grosszügiger Saunabereich in einem Nachbau eines alten Salzbohrturms.
Fitnesscenter. Wellnessbereich mit Kosmetik und Massage.

Wann ?

Öffnungszeiten:
täglich von 07:00 bis 22:00
Kassenschluss 20:30
Tel. +41-56-2652828
www.thermalbad.ch

Wo ?

Thermalbad Zurzach AG
Dr. Martin Erb - Strasse 11
Postfach 32
CH-5330 Bad Zurzach
Individualverkehr:
Parkplatz Ecke Quellenstrasse und Dr. Martin Erb - Strasse
ÖPNV: Bhf. SBB von Winterthur, Baden, Brugg oder Waldshut, dann „Zurzi-Bus"

Bad Zurzach (CH) Kurpark

103

Was ?

Schöner Park mit Liegewiese und kleinem Teich.
Turmhotel mit Panoramarestaurant im 16. Stockwerk.
Schön angelegter Kinderspielplatz mit interessanten Geräten.
Gedeckte Bühne für Konzerte und Veranstaltungen.

Wann ?

Der **Park** ist jederzeit frei zugänglich.
Panoramarestaurant:
Mo bis Sa von 17:30 bis 24:00
So von 11:30 bis 24:00
Tel. +41-56-2652719

Wo ?

Im Bereich zwischen Dr. Martin-Erb-Strasse, Hauptstrasse, Quellenstrasse und Badstrasse.
Individualverkehr:
Parkplatz Ecke Quellenstrasse und Dr. Martin-Erb-Strasse
ÖPNV:
Bhf. SBB von Winterthur, Baden, Brugg oder Waldshut, dann „Zurzi-Bus"

104

Bad Zurzach (CH)
Papa Moll Land

Die Figur des Papa Moll wurde 1952 im Auftrag von Pro Juventute von der Künstlerin Edith Oppenheim-Jonas als Alternative zu ausländischen Comics entwickelt. Dabei griff sie offensichtlich auf Erfahrungen aus ihrer Kindheit zurück, auch die Familienkonstellation mit zwei Söhnen, einer Tochter und einem Dackel stimmt überein.

Bisher sind über zwanzig Bücher mit dem umtriebigen, hilfsbereiten und vielseitigen Familienvater, der immer etwas vom Pech verfolgt wird, erschienen, darunter 2012 der Band „Papa Moll geht baden", der an verschieden Schauplätzen in Bad Zurzach spielt. Auch der Ende 2017 erscheinende Papa Moll Spielfilm wurde in der Region Bad Zurzach gedreht.

Zum Papa Moll Land gehören eine Minigolfanlage, auf der unter dem Motto „Papa Moll reist um die Welt" Canyons, Maya-Pyramiden, wilde Krokodile und vieles mehr auf 12 Adventure-Bahnen bespielt werden können. Daneben gibt es noch 18 klassische Minigolfbahnen.

Für Kinder gibt es im Thermalbad ein eigenes Papa Moll - Kinderbecken und in der ebenfalls im Thermalbad eingerichteten Papa Moll - Box kommen sowohl Kinder wie auch Eltern zu ihrem Papa Moll - Erlebnis. Die Kleinen können in der unteren Reihe Papa Moll - Geschichten betrachten. Die Grossen können in deren Augenhöhe Einführungen in das Leben und die Arbeit der Papa Moll - Schöpferin Edith Oppenheim-Jonas lesen.

Was ?

Papa Moll - Kinderbecken im Thermalbad.
Papa Moll - Box zum Lesen für Jung und Alt im Thermalbad.
12 Adventure-Bahnen Minigolf unter dem Motto „Papa Moll reist um die Welt“.
18 klassische Minigolfbahnen.

Wann ?

Kinderbecken und Papa Moll - Box:
täglich von 07:00 bis 22:00
Kassenschluss 20:30
www.thermalbad.ch
Mini- und Adventure-Golf:
Mär bis Jun, Sep und Okt
Mo bis Fr von 14:00 bis 19:00
Sa und So von 12:00 bis 20:00
Jul und Aug
täglich von 12:00 bis 22:00
www.papamoll-land.ch

Wo ?

Eingang zum **Papa Moll - Kinderbecken** über das Thermalbad, Dr. Martin-Erb-Strassse 11.
Eingang zur **Papa Moll - Box** unmittelbar neben der Tourist Info Dr. Martin-Erb-Strasse 9.
Minigolfplatz liegt Ecke Katzensteigweg und Quellenstrasse.
Individualverkehr: Parkplatz Ecke Quellenstrasse und Dr. Martin-Erb-Strasse **ÖPNV:** Bhf. SBB

Papa Moll Land
Bad Zurzach

Papa Moll - heute

Papa Moll geht baden...
Papa Moll

Bad Zurzach (CH) Wassersinfonie

Was ?

Die Wassersinfonie ist ein beeindruckendes Zusammenspiel aus Wasser, Licht und Musik. Die in allen Farben erstrahlenden Wasserfontänen steigen aus einem 18 Meter langen und 3 Meter breiten Becken bis zu 8 Meter in die Höhe. Dazu erklingt klassische oder moderne Musik. Ein verzauberndes Schauspiel.

Wann ?

Jeweils Mi, Fr und Sa.
Von Anfang Mai bis Mitte Juli jeweils 21:45
Von Mitte Juli bis Ende Oktober jeweils 21:30
Die genauen Zeiten, auch der Première und der Dernière mit Fondueplausch finden Sie unter www. badzurzach.info

Wo ?

Kurpark Bad Zurzach
Individualverkehr:
Parkplatz Ecke Quellenstrasse und Dr. Martin Erb Strasse
ÖPNV:
Bhf. SBB von Winterthur, Baden, Brugg oder Waldshut

Bad Zurzach (CH)
Regibad

Was ?

Badewasser ca. 26 Grad Celsius.
50-Meter Sportbassin.
Seperates Sprungbecken.
Familienbassin.
Kinderbecken und Spielplatz.
Grosse Liegewiese.
Beachvolleyplatz, Trampolin, Tischtennis, Badminton, Gartenschach.

Wann ?

Öffnungszeiten:

Apr	von 10:00 bis 18:00
Mai	von 09:00 bis 19:00
Jun - Aug	von 09:00 bis 20:00
Sep	von 09:00 bis 19:00

Tel. +41-56-2492491
www.regibad.ch

Wo ?

Regibad Bad Zurzach
Schiffsmühleacherweg 3
CH-5330 Bad Zurzach
am Campingplatz Oberfeld

Individualverkehr:
Von der H7 der Beschilderung „Regibad" folgen.

ÖPNV:
Bhf. SBB dann zu Fuss oder „Zurzibus" bis Station „Regibad".

107

Rietheim (CH) Rheinaue „Chly Rhy“

Was ?

Die Rheinaue „Chly Rhy“ ist mit 35 Hektar Fläche das grösste Auengebiet am Rhein im Kanton Aargau und die letzte freie, ungestaute Fliessstrecke am Hochrhein. Das Auenrenaturierungsprogramm wurde 2014/2015 nach einer Stimmbürgerabstimmung umgesetzt.

Wann ?

Jederzeit frei zugänglich.

Wo ?

Individualverkehr:
Von der H7 in der Ortschaft Rietheim der Beschilderung Richtung Rhein folgen. Parkplatz ist vorhanden.
ÖPNV:
Station Rietheim der SBB.
Bus von Bad Zurzach.

Kaiserstuhl (CH) Oberer Turm/Haus zur Linde

Das Ensemble aus Oberen Turm und Haus zur Linde bietet einen starken Gegensatz zwischen dem mächtigen Turm aus grauen Findlingssteinen und dem barocken Haus mit seiner rot-weissen Farbgebung.

Der heute rund 36 Meter hohe Turm stammt aus dem 13. Jh. und war Teil der mittelalterlichen Befestigung. Mit seinen am Fuss ca. 2,5 Meter dicken Mauern diente er als Wohnturm. Der Eingang befand sich ursprünglich in rund 6 Metern Höhe und ist immer noch sichtbar. Mitte des 14. Jh. wurde er durch einen Brand schwer beschädigt und erhielt danach zwei zusätzliche Stockwerke.

Das Haus zur Linde wurde Mitte des 18. Jh. von Moritz Buol, dem Schultheiss von Kaiserstuhl, im barocken Stil errichtet und bis 1911 als Bauernwirtschaft betrieben. Das neubarocke Portal stammt vom Beginn des 20. Jh., ebenso wie die später errichtete Mauer. Heute sind das Haus und die ausgedehnten Parkanlagen in Privatbesitz und nicht öffentlich zugänglich.

Was ?

Alter Wehrturm, der innen über eine Treppe bestiegen werden kann.

Barockes Gebäude mit neubarockem Portal.

Wann ?

Öffnungszeiten:
Aussen jederzeit frei zugänglich.
Oberer Turm:
Mai bis Okt Sa und So
von 14:00 bis 17:00
Städtliführung auf Anfrage:
Tel. +41-44-8582863
staedtlifuehrung.kaiserstuhl@bluewin.ch

Wo ?

CH-5466 Kaiserstuhl
Individualverkehr:
Von der H7 beim Kreisel nach Kaiserstuhl über Vorstadt in den Schulhausweg, dort sind Gratisparkplätze.
ÖPNV:
Mit SBB oder Postautobus von Bülach, Baden oder Waldshut bis „Station Kaiserstuhl"

109

Kaiserstuhl (CH) Stadtbild

Bei Kaiserstuhl führte vermutlich schon zur Römerzeit eine Furt über den Rhein, jedenfalls existierte ab Ende des 13. Jh. eine Holzbrücke. Im Zuge von Napoleons Umgestaltung Europas und dem damit eingeleiteten Ende des Bistums Konstanz verlor Kaiserstuhl 1798 seine rechtsrheinischen Besitzungen und damit fünf Sechstel seiner Ausdehnung. Mit den verbliebenen 32 Hektar Gemeindefläche wurde Kaiserstuhl zur kleinsten Gemeinde der Schweiz.

Was ?

Kirche St. Katharina mit spätbarocker Kanzel.
Ehemaliges Spital (Spittel).
Ehem. Amtshaus von St. Blasien.
Zollhaus, ehem. Pfarrhaus.
Marschallhaus.
Altes Rathaus.
Gasthof „Zur Krone".
Widderbrunnen.
Oberer Turm und Haus „Zur Linde".

Wann ?

Öffnungszeiten:
Aussen jederzeit frei zugänglich.
Städtliführung auf Anfrage:
Tel. +41-44-8582863
staedtlifuehrung.kaiserstuhl@bluewin.ch

Wo ?

CH-5466 Kaiserstuhl
Individualverkehr:
Von der H7 beim Kreisel nach Kaiserstuhl über Vorstadt in den Schulhausweg, dort sind Gratisparkplätze.
ÖPNV:
Mit SBB oder Postautobus von Bülach, Baden oder Waldshut bis „Station Kaiserstuhl"

Hohentengen (D) Skulpturenweg

„Übers Wasser - übers Land", unter diesem Motto wurde von der Deutschen Gemeinde Hohenteng am Hochrhein und der Schweizer Stadt Kaiserstuhl der erste grenzüberschreitende Skulpturenweg Europas eingerichtet,

Zwölf international bekannte Künstler haben ihre Ideen zum Thema Grenze völlig unterschiedlich umgesetzt. Die Skulpturen zeigen Trennendes und Einendes im Umfeld einer malerischen Landschaft zu beiden Rheinseiten.

Der Weg mit seiner Gesamtlänge von rund 9,5 Kilometern führt von der Zollstation am Fuß von Schloss Rötteln stromaufwärts zum Kraftwerk Eglisau, wo der Rhein gequert wird, und dann wieder zurück nach Kaiserstuhl.

Was ?

9,5 Kilometer langer einfacher Wanderweg entlang des Deutschen und des Schweizer Rheinufers.
Insgesamt 12 Skulpturen namhafter Künstler zum Thema Grenze bilden den ersten grenzüberschreitenden Skulpturenweg Europas.
Malerische Landschaft zu beiden Rheinseiten.

Wann ?

Jederzeit frei zugänglich.

Wo ?

Individualverkehr:
Von der L161 ca. 0,5 Kilometer westlich von Hohentengen auf die 161a.
ÖPNV:
Bus 7340.1 oder 2 von Waldshut BusBhf. bis Station „Hohentengen-Rötteln“.

111

Hohentengen (D)
Schloss Rötteln

Die Geschichte der Burg geht auf eine Gründung der Familie von Wasserstelz im 12. Jh. zurück, daher auch der Zweitname Burg Rotwasserstelz. Ende des 12. Jh. ging die Burg an die Familie von Rötteln über, Dienstleute der Zähringer. Ende des 13. Jh. wurde die Burg samt der Herrschaft Rötteln an das Hochstift Konstanz verkauft und verblieb dort bis zum Beginn des 19. Jh., dann wurde sie badisch, heute ist sie im Privatbesitz. Der frühklassizistische Anbau entstand Ende des 18. Jh..

Was ?

Mittelalterlicher Wohnturm.
Frühklassizistischer Anbau mit schönem Portal.
Moderne Brücke mit altem Brückenheiligen Johannes von Nepomuk.
Brückenspaziergang nach Kaiserstuhl mit schönem Ausblick.

Wann ?

Öffnungszeiten:
Außen jederzeit frei zugänglich. Die Burg befindet sich in Privatbesitz und kann innen nicht besichtigt werden.

Wo ?

Individualverkehr:
Von der L161 ca. 0,5 Kilometer westlich von Hohentengen auf die 161a.
ÖPNV:
Bus 7340.1 oder 2 von Waldshut BusBhf. bis Station „Hohentengen-Rötteln".

112

Hohentengen (D) Ruine Weißwasserstelz

Die Geschichte der Burg Weißwasserstelz, einer Rechteckanlage mit mehreren Türmen am Rheinufer, entspricht der Historie von Schloss Röteln. Im Verlauf des Dreißigjährigen Krieges wurde sie dann gesprengt und Mitte des 18. Jh. aufgegeben. Heute sind noch die Reste des Bergfrieds, zweier Türme, eines Küchenbaus und der Ringmauer zu sehen.

Gegenüber lag die Wasserburg Schwarzwasserstelz, deren Ruinen 1939/40 für einen Schweizer Infanteriebunker abgetragen wurden.

Was ?

Schön auf einem Hügel über dem Rhein gelegene Ruine.
Ca. 30 Minuten Spazierweg am Rheinufer von Schloss Röteln.
Erholung und Stärkung im Gästehaus Wasserstelz.

Wann ?

Öffnungszeiten Ruine:
Das Äußere ist jederzeit frei zugänglich.
Öffnungszeiten Gästehaus:

Di bis Fr	von 16:00 bis 23:00
Sa	von 11:00 bis 23:30
So	von 11:00 bis 22:00

Tel. +49-7742-92300
mail@wasserstelz.de

Wo ?

Individualverkehr:
Von der Rheintalstraße (L161) zwischen Hohentengen und Lienheim bei einem Holzschild „Wasserstelz" Richtung Rhein in die Straße Guggenmühle. Parkmöglichkeit, nur für Gäste, am Gästehaus.
ÖPNV:
Bus 7340.1 oder 2 von Waldshut BusBhf. bis Station „Guggenmühle".

113

Hohentengen (D)
Weingut Engelhof

Als das südlichste Weingut Deutschlands liegt der Engelhof inmitten einer geschlossenen Lage von zwanzig Hektar Weinbergen. Bereits zu Beginn des 16. Jh. ein Weingut, wurde es ab 1960 ein Obstgut und dann 1986 nach der Übernahme durch die Familie Netzhammer eines der führenden Weingüter am Hochrhein und im Bodenseeraum. Neben säureharmonischen Weinen aus selektierter Lese bietet der Engelhof auch Spezialitäten wie Grapolino und Gin an.

Was ?

Südlichstes Weingut Deutschlands. Wunderschöne Lage inmitten der eigenen Weinberge.
Architektonisch interessanter Degustationsraum in Form einer Weintraube.
Säureharmonische Weine.

Wann ?

Mo bis Fr von 09:00 bis 12:00
und von 14:30 bis 18:30
Sa von 09:00 bis 13:00
Tel. +49-7742-7497
info@engelhof.de
www.engelhof.de

Wo ?

ENGELHOF Wein- und Sektgut
Gebrüder Netzhammer GbdR
D-79801 Hohentengen(Hochrhein
Individualverkehr:
Von der Rheintalstraße (L161) zwischen Hohentengen und Lienheim.
ÖPNV:
Bus 7340.1 oder 2 von Waldshut BusBhf. bis Station „Guggenmühle".

Glattfelden (CH) Gottfried-Keller-Zentrum

114

Der im 19. Jh. lebende Gottfried Keller gehört zu den grössten Erzählern und Dichtern deutscher Literatur. Die Eltern Kellers stammten beide aus Glattfelden und so besuchte er mehrfach den Ort und seinen Onkel, den Arzt Heinrich Scheucher. Insbesondere in seinem Roman „Der grüne Heinrich", der seinen Ruhm begründete, finden sich zahlreiche Hinweise auf Glattfelden. Das Gottfried-Keller-Zentrum zeigt in seinem Museum zahlreiche Exponate aus dem Leben des Dichters.

Was ?

Museum in einem schön renovierten Haus aus dem 16. Jh.. Zahlreiche Möbel, Bilder, Manuskripte und Gegenstände aus dem Leben Gottfried Kellers. Restaurant „Kafi Judith“ Gottfried-Keller-Dichterweg.

Wann ?

Öffnungszeiten:
1. Wochenende im Monat
Sa und So von 14:00 bis 16:00
Führungen gegen Voranmeldung:
Tel. +41-44-8672232
www.gkz.ch

Wo ?

Gottfried-Keller-Zentrum
Gottfried-Keller-Strasse 8
CH-8192 Glattfelden
Individualverkehr:
Von der H7 in die Gottfried-Keller-Strasse.
ÖPNV: SBB Bhf. Glattfelden, von dort auf dem beschilderten Dichterweg mit 13 Schautafeln zum Gottfried-Keller-Zentrum und weiter zum Bhf. Zweidlen.

Eglisau (CH) Stadtbild

115

Die erste urkundliche Erwähnung der Stadt stammt vom Ende des 9. Jh., die einer Rheinbrücke von der Mitte des 13. Jh.. Die Stadtgründer und Herrscher für rund 200 Jahre waren die Freiherren von Tengen aus dem Hegau. Nach einem kurzen Zwischenspiel des steirischen Freiherren Bernhard Gradner wurde die Stadt seit dem Ende des 15. Jh. für 300 Jahre von Züricher Landvögten regiert. Heute spielen der Weinbau, Tourismus und die verkehrsgünstige Lage mit dem S-Bahn Anschluss nach Zürich eine wichtige Rolle.

Was ?

Schönes Stadtbild, insbesondere Rheinstrasse, Untergass und Obergass.
Stadtkirche mit gotischen Chorfresken.
Weierbachhaus mit Stadtmuseum.
Bauernmuseum.
Weinwanderweg.
Schifffahrt auf dem Rhein mit schöner Landschaft und Brückenblicken.

Wann ?

Öffnungszeiten:
Aussen jederzeit frei zugänglich.

Wo ?

Eglisau
CH-8193
Individualverkehr:
Von der H7 auf die H4, Parkplätze am Rheinufer nutzen. Dann zu Fuss über die Brücke und die Rheinstrasse.
ÖPNV: Mit der SBB nach Hüntwangen-Wil Bhf., dann mit Bus nach Station „Eglisau-Viehmarkt".

Gasthof

Conditorei

Gasthof Krone

116

Eglisau (CH) Stadtkirche

Von der gotischen Kirche aus der ersten Hälfte des 14. Jh. ist nur der Chor mit seinen 1960 wieder entdeckten Fresken erhalten geblieben. Das barocke Kirchenschiff und der Turm entstanden zu Beginn des 18. Jh..

Die Fresken zeigen Szenen aus dem Leben Marias und entstanden Ende des 15. Jh. zu Ehren des verstorbenen Inhabers der Grafschaft Eglisau, Freiherr Bernhard Gradner, der in der Kirche unter der Ganzkörperskulptur eines Ritters im Harnisch begraben liegt.

Was ?

Schöne Lage am Fusse der Altstadt unmittelbar am Rhein.
Gotischer Chor mit Fresken über das Leben und den Tod Marias.
Spätgotische Grabplatte des Freiherrn Bernhard Gradner.
Über eine steile Treppe in der Chilengass zum ehem. Friedhof oberhalb der Kirche mit Glocke und alten Epitaphen.

Wann ?

Öffnungszeiten:
Aussen jederzeit zugänglich.
Innen täglich von 08:00 bis 20:00
Informationen:
Sekretariat der Kirchengemeinde
Tel. +41-79-4403756
Mo bis Fr von 09:00 bis 12:00
sekretariat@kircheeglisau.ch
www.kircheeglisau.ch

Wo ?

Individualverkehr:
Von der H7 auf die H4, Parkplätze am Rheinufer nutzen. Dann zu Fuss über die Brücke und die Rheinstrasse. Der Eingang erfolgt von der Chilengasse.
ÖPNV:
Mit der SBB nach Hüntwangen-Wil Bhf., dann mit Bus nach Station „Eglisau-Viehmarkt".

117

Eglisau (CH) Weierbachhus

Das in der zweiten Hälfte des 17. Jh. erbaute Weierbachhus gehört zu den schönsten und grössten Weinbauernhäusern der Region und ist ein typischer Fachwerkbau des Zürcher Unterlandes. Da es ausserhalb der einstigen Stadtmauern steht, konnte hier ein großzügiges Raumkonzept verwirklicht werden, das heute auch dem Ortsmuseum zugute kommt.
Trottenraum und Keller können auch für verschiedene Veranstaltungen gemietet werden.

Was ?

Ausstellung zur Geschichte des Rheinstädtchens und der Landvogtei Eglisau, zur Flussschifffahrt und Lachsfischerei, zum Salzhandel und zum Gewerbe, mit zahlreichen Modellen wie das der alten Holzbrücke.
Sonderausstellungen zu lokalen Themen.

Wann ?

Öffnungszeiten:
1. So im Monat von 14:30 bis 17:00.
Führungen gegen Voranmeldung:
www.weierbachhus.ch

Wo ?

Ortsmuseum Eglisau
Weierbachstrasse 6
CH-8193 Eglisau
Individualverkehr:
Von der H7 auf die H4, Parkplätze am Rheinufer nutzen. Dann zu Fuss über die Brücke und Obergass in die Weierbachstrasse.
ÖPNV: Mit der SBB nach Hüntwangen-Wil Bhf., dann mit Bus nach Station „Eglisau-Altersheim".

Eglisau (CH) Brücken

118

Die rund 440 Meter lange Eisenbahnbrücke entstand Ende des 19. Jh. für die SBB-Strecke Bülach-Schaffhausen und ermöglicht heute schnelle S-Bahn Verbindungen nach Zürich, Winterthur und Schaffhausen.

Die Strassenbrücke ersetzte 1919 eine alte Holzbrücke und wurde durch den Bau des Kraftwerks Eglisau-Glattfelden erforderlich, das den Wasserspiegel des Rheins in Eglisau um rund 8 Meter anhob und dem auch 15 Häuser zum Opfer fielen.

Was ?

Den besten Blick auf die Brücken hat man von einem der Ausflugsschiffe.

Wann ?

Öffnungszeiten:
Aussen jederzeit frei zugänglich.

Wo ?

Individualverkehr:
Von der H7 auf die H4, Parkplätze am Rheinufer nutzen. Dann zu Fuss über die Strassenbrücke. Zur Bahnbrücke über die N4 in die Stampfistrasse.
ÖPNV:
Mit der SBB nach Hüntwangen-Wil Bhf., dann mit Bus nach Station „Eglisau-Viehmarkt".

Eglisau (CH) Schifffahrt

119

Was ?

Die Fahrt führt von Eglisau zuerst flussabwärts bis zur Eisenbahnbrücke und dann flussaufwärts bis über die Einmündung der Töss. Zurück geht es dann über Tösseg flussabwärts wieder nach Eglisau. Die Fahrt kann in Eglisau oder Tösseg starten und enden.

Wann ?

Fahrplan SZR Züri-Rhy Schifffahrtsgesellschaft AG
Tel. +41-44-8656262
info@szr.ch
www.szr.ch
Fahrplan Rheinschifffahrten Wirth:
Tel. +41-44-8671715
Mob. +41-79-4389915
info@schiffwirth.ch
www.schiffwirth.ch

Wo ?

Anlegestellen in der Rheinstrasse bei der Stadtkirche.
Individualverkehr:
Von der H7 auf die H4, Parkplätze am Rheinufer nutzen. Dann zu Fuss über die Brücke und die Rheinstrasse.
ÖPNV:
Mit der SBB nach Hüntwangen-Wil Bhf., dann mit Bus nach Station „Eglisau-Viehmarkt".

120

Eglisau (CH) Weinwanderweg

Was ?

Am Südufer des Rheins wächst in steiler Hanglage auf ca. 15 Hektar der „Eglisauer Stadtberger“, in der Hauptsache Blauburgunder.
Der rund 1,2 Kilometer lange Weinwanderweg beginnt beim Weierbachhuus und führt zum Hinteren Stadtberg. Er vermittelt einen guten Überblick über die Pflege der Reben und die Arbeit der Winzer.

Wann ?

Jederzeit frei zugänglich.

Wo ?

Start beim Weierbachhus
Individualverkehr:
Von der H7 auf die H4, Parkplätze am Rheinufer nutzen. Dann zu Fuss über die Brücke und Obergass in die Weierbachstrasse.
ÖPNV: Mit der SBB nach Hüntwangen-Wil Bhf., dann mit Bus nach Station „Eglisau-Altersheim“.Station „Eglisau-Altersheim“.

121

Eglisau (CH) Weingut Pircher

Das wunderschön über dem Rhein inmitten der Weinberge gelegene Weingut Pircher blickt auf eine lange Tradition zurück. Bereits Ende des 9. Jh. wurden die Hänge im Hinteren Stadtberg von Eglisau als Rebberge erwähnt.

1956 baute dann die Familie Pircher das Weingut auf. Heute werden rund 6 Hektar Querterrassen rund um den Weinkeller bewirtschaftet. Dabei ist wegen der steilen Lagen der Einsatz von Maschinen nur begrenzt möglich und viel Handarbeit ist gefordert, die aber der Qualität des Weines zu Gute kommt.

Zu den Grundprinzipien gehören eine konsequente Ertragsregulierung sowie eine schonende Bodenbearbeitung ohne synthetischen Dünger.

Rund 60 Prozent der Rebfläche sind mit Blauburgunder belegt. Pinot Gris, Riesling und einige weitere Weisse Sorten ergänzen das Sortiment. Eine Spezialität ist dabei der Räuschling, eine autochthone Sorte, die lediglich im Kanton Zürich und nur noch auf 20 Hektar angebaut wird.

Was ?

Wunderschöne Lage über dem Rhein inmitten von Weinbergen. Aufwendige Handbearbeitung mit konsequenter Ertragsregulierung und schonender Bodenbearbeitung.
Besuchenswerte Zwischenstation des Eglisauer Weinwanderweges.

Wann ?

Degustation und Verkauf:
Sa von 10:00 bis 16:00
Oder nach Voranmeldung unter:
Tel. +41-44-8670076
Mob +41-79-2547706
mail@weingut-pircher.ch
www.weingut-pircher.ch

Wo ?

Weingut Pircher
Hinterer Stadtberg 1
CH-8193 Eglisau
Individualverkehr:
Bis zum Weierbachhus, dann ca. 800 Meter auf schmaler Strasse durch die Weinberge.
ÖPNV: Mit der SBB nach Hüntwangen-Wil Bhf., dann mit Bus nach Station „Eglisau-Altersheim". Dann Fussweg durch die Weinberge.

122

Wil ZH (CH)
Weingut Neukom

Ursprünglich war das Weingut der Familie Neukom einer der zahlreichen Bauernbetriebe im Rafzerfeld, einer mehrere Quadratkilometer grossen Ebene nördlich des Rheins, die zum Kanton Zürich gehört.

Heute bewirtschaftet die Familie 8,5 Hektar Weinberge, auf denen 12 verschiedene Traubensorten angepflanzt werden. Daraus werden im eigenen Keller 20 verschiedene Weine gekeltert, die man in einer gemütlichen Probierstube verkosten kann.

Was ?

Schön gelegene Weinberge mit Blick auf das Rafzerfeld.
Gemütliche Probierstube für Verkostung und Verkauf.
Rustikal gestalteter Raum für Veranstaltungen und Feste.
Eigener Keller mit Holzfassausbau in Rafz.

Wann ?

Degustation und Verkauf:
Sa von 10:00 bis 16:00
Oder nach Voranmeldung unter:
Tel. +41-44-8691855
Mob. +41-79-7182928 oder
+41-79-6429226
info@neukom-weine.ch
www.neukom-weine.ch

Wo ?

Weingut Neukom
Hansruedi & Maya Neukom
Dorfstrasse 44
CH-8196 Wil ZH
Individualverkehr:
Von der H4 Eglisau - Schaffhausen über die Bahnhofstrasse in die Dorfstrasse.
ÖPNV: Mit der Bahn von Hüntwangen-Wil nach Wil ZH, Station „Gemeindehaus“.

Kapitel IV

Zwischen Eglisau und Schaffhausen

Kapitel IV
Zwischen Eglisau und Schaffhausen

123	S. 330	Naturzentrum Thurauen
124	S. 332	Berg am Irchel - Greifvogelstation
125	S. 334	Nack - Weingut Clauß
126	S. 336	Ragz - Fachwerkhäuser
127	S. 338	Rheinau - Kloster
128	S. 342	Rheinfall - Schlössli Wörth
129	S. 344	Rheinfall - Schloss Laufen
130	S. 346	Rheinfall - Rheinfallfelsen
131	S. 350	Schaffhausen - Fronwagplatz
132	S. 352	Schaffhausen - Bürger- und Zunfthäuser
133	S. 356	Schaffhausen - Kirche St. Johann
134	S. 358	Schaffhausen - Kloster Allerheiligen
135	S. 360	Schaffhausen - Museum zu Allerheiligen
136	S. 366	Schaffhausen - Münster
137	S. 368	Schaffhausen - Unterstadt
138	S. 370	Schaffhausen - Munot
139	S. 374	Schaffhausen - Schifflände
140	S. 376	Schaffhausen - Blauburgunderland
141	S. 378	Schaffhausen - WeinKeller.sh
142	S. 380	Beringen - Schloss und Ortsmuseum
143	S. 382	Beringen - Randenturm
144	S. 384	Löhningen - Trotte Ruine Weißwasserstelz
145	S. 386	Wilchingen - Weingut Haumesser

GLATTFELDEN
7
EGLISAU
4
126
RAFZ
RHEIN
125
B2
123
124
BERG
N
THUR
2 km

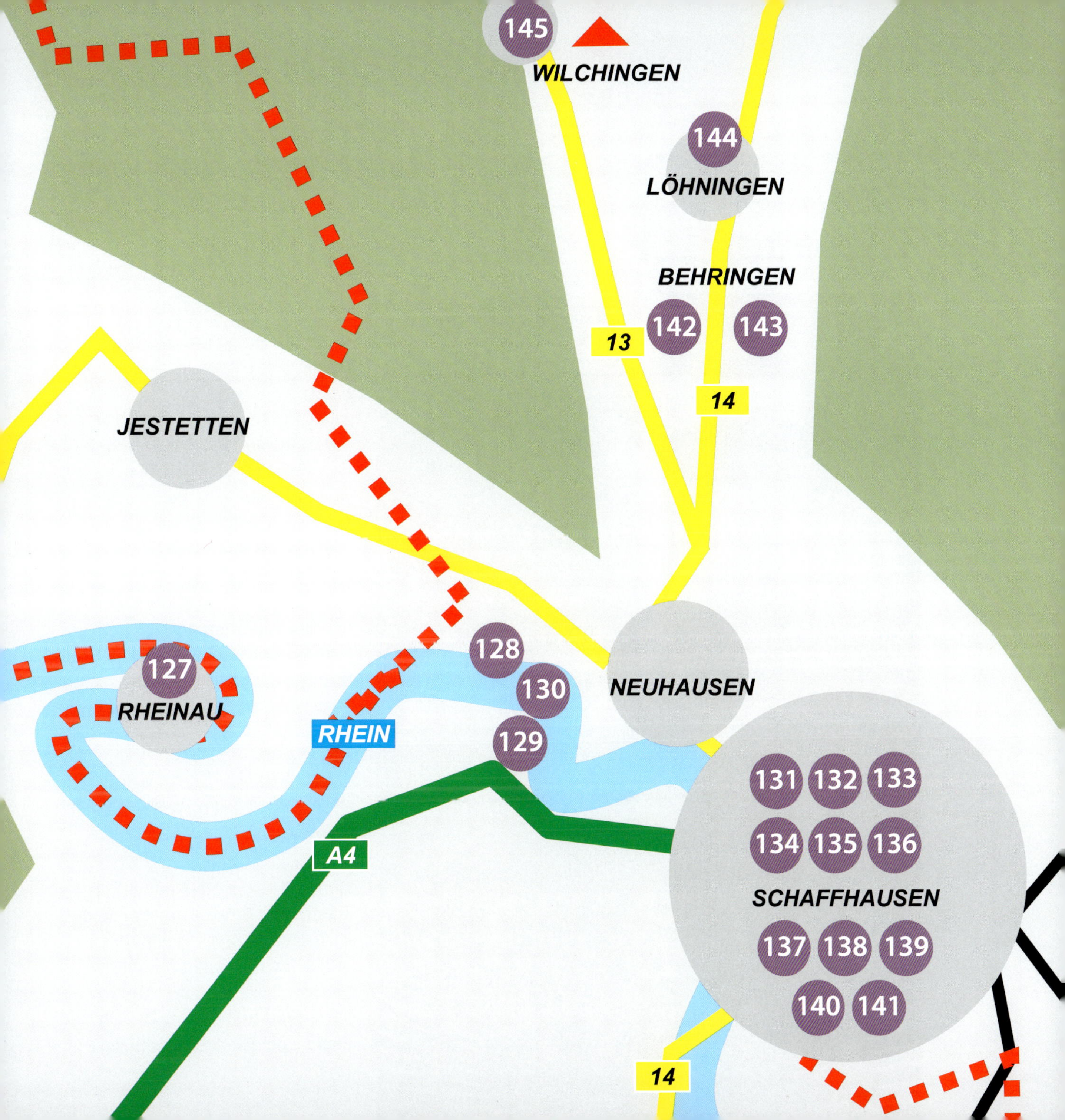
145
WILCHINGEN
144
LÖHNINGEN
BEHRINGEN
142
143
13
14
JESTETTEN
127
RHEINAU
RHEIN
128
130
129
NEUHAUSEN
131
132
133
134
135
136
SCHAFFHAUSEN
137
138
139
140
141
A4
14

123

Naturzentrum Thurauen (CH)

Das Naturzentrum Thurauen vermittelt einen faszinierenden Einblick in die Welt einer lebendigen Auenlandschaft mit einer Vielzahl an seltenen Tier- und Pflanzenarten wie z.B. Biber, Eisvogel und Ringelnatter. Die Thurauen sind nicht nur eine der grössten Auenlandschaften sondern auch das bisher grösste Renaturierungsprojekt der Schweiz.

Aufgebaut und betrieben wird das Naturzentrum Thurauen im Auftrag des Kantons Zürich durch die spendenfinanzierte Stiftung PanEco, die sich für Natur- und Artenschutz sowie Umweltbildung einsetzt.

Neben einer interaktiven Dauerausstellung zum Thema „Kosmos Auenlandschaft" bietet das Zentrum regelmässig Wechselausstellungen zu Umweltthemen an. Das durch seine Holzkonstruktion interessante Museumsgebäude ist durch einen Luftsteg mit einem Erlebnispfad verbunden, der einen guten Eindruck von der Dschungelatmosphäre der Auenlandschaft und ihrer Bewohner bietet.

Was ?

Architektonisch interessantes Holzgebäude. Dauer- und Wechselausstellungen zu Umweltthemen. Erlebnispfad mit Einblick in die Auenlandschaft. Möglichkeit zu Wanderungen durch die Auenlandschaft.
Ansprechendes Restaurant am Rheinufer und Möglichkeiten für Tagungen und Seminare.

Wann ?

Öffnungszeiten:
Mär bis Okt
von Mi bis Sa von 13:00 bis 17:00
So und Feiert von 11:00 bis 17:00
Auskünfte und Voranmeldung:
für Gruppenführungen und für Tagungen und Seminare:
Tel. +41-52-3551555
info@naturzentrum-thurauen.ch
www.naturzentrum-thurauen.ch

Wo ?

Steubisallmend 3
CH-8416 Flach
Individualverkehr:
Von der Verbindungsstrasse Flaach - Rafz bei der Bushaltestelle Ziegelhütte der Beschilderung folgen.
ÖPNV:
Mit der Buslinie 670 von Winterthur oder Rafz, Station Ziegelhütte.

Greifvogelstation Berg am Irchel (CH)

124

Die vor rund 60 Jahren gegründete Greifvogelstation ist Teil der spendenfinanzierten Stiftung Pan-Eco und widmet sich der Pflege und Wiederauswilderung verletzter Greifvögel. Zu den Patienten, die meist einige Monate in Pflege bleiben, gehören vor allem Mäusebussarde, Turmfalken und Waldkäuze, aber gelegentlich auch exotische Besucher wie ein Kondor aus dem Basler Zoo. Derzeit werden pro Jahr mehr als 200 Tiere aufgenommen, der Pflegeerfolg liegt bei über 80 Prozent.

Was ?

Die Greifvogelstation liegt am Rand des malerischen Fachwerkdorfes Berg am Irchel in wunderschöner Landschaft. Die Station kann im Rahmen von Gruppenführungen und Familientagen besucht werden. Gegen eine Spende kann die Patenschaft für einen Vogel übernommen werden, incl. der eigehändigen Auswilderung.

Wann ?

Voranmedung für Gruppenführungen und **Auskünfte** über Familientage:
Tel. +41-52-3181427
andi.lischke@paneco.ch
www.greifvogelstation.ch

Wo ?

c/o Stiftung PanEco
Chileweg 5
CH-8415 Berg am Irchel
Individualverkehr:
Von der Verbindungsstrasse Flach - Rafz nach Berg am Irchel, dort in die Schlossgasse.
ÖPNV:
Mit der Buslinie 670 von Winterthur oder Rafz, Station Berg am Irchel.

125

Nack (D)
Gasthof zum Kranz
Weingut Clauß

In der kleine Ortschaft Nack, im äußersten Süden Baden-Württembergs wunderschön zwischen Weinbergen und Golfclub gelegen, kann man sowohl guten Wein kaufen wie auch gut essen.

Das Weingut Clauß - Gault-Millau Aufsteiger 2017 - fokussiert sich auf trockene, sortentypische Weine aus besten Reblagen. Im Gasthof zum Kranz kann man regionale Küche mit mediterranen Akzenten aus erstklassigen Produkten zusammen mit den Weinen der Familie Clauß genießen.

Was ?

Gasthof zum Kranz als traditionsreicher Familienbetrieb mit elegantem Ambiente.
Weingut Clauß, Spezialist für trockene terroirbezogene Weine sowie handgerüttelte Winzer-Sekte. Beide liegen schön zwischen Weinbergen und Golfplatz nur knapp 10 Kilometer vom Rheinfall entfernt.

Wann ?

Infos zu Öffnungszeiten:
Gasthof zum Kranz:
Tel. +49-7745-7302
info@gasthof-zum-kranz
www.gasthof-zum-kranz.de
Weingut Clauß:
Tel. +49-7745-5492
info@weingutclauss.de
www.weingutclauss.de

Wo ?

Weingut Clauß
Obere Dorfstraße 39
Gasthof zum Kranz
Obere Dorfstraße 23
D-79807 Lottstetten-Nack
Individualverkehr: Von der H4 in Lottstetten der Beschilderung folgen.
ÖPNV: Bus von Jerstetten bis Haltestelle Nack Ortsmitte.

Rafz (CH)
Fachwerkhäuser

126

Was ?

Erstmals wurde Rafz in einer Schenkungsurkunde im späten 9. Jh. erwähnt. Ende des 15. Jh. wurde der Ort an die Stadt Zürich verkauft und von den Zürcher Landvogten zu Eglisau regiert.

Trotz einer starken Zunahme der Einwohnerzahl wird der Ortskern immer noch von zahlreichen schmucken Fachwerkhäusern geprägt.

Wann ?

Von aussen jederzeit frei zugänglich

Wo ?

CH-8197 Rafz
Individualverkehr:
Von der H4 über die Rüdlingerstr. und Bahnhofstrasse ins Zentrum Ecke Bahnhofstrasse und Märkgasse/Hegi.
ÖPNV:
SBB Station „Rafz", dann zu Fuss durch die Bahnhofsstrasse ins Zentrum.

127

Rheinau (CH) Kloster

Dank der gut geschützten Lage auf einer Rheininsel wurde an dieser Stelle bereits in der zweiten Hälfte des 8. Jh. ein Kloster gegründet, das Mitte des 9. Jh. erstmals urkundlich erwähnt wurde.

Die ursprüngliche romanische Basilika geht, ebenso wie die heute noch existierende Urkundensammlung, auf das frühe 12. Jh. zurück. Im 16. Jh. entwickelte sich das Kloster zu einem Zentrum der Gegenreformation.

In der ersten Hälfte des 18. Jh. wurden dann Kirche und Konventgebäude im barocken Stil nach dem Vorbild Vorarlberger Münsterkirchen weitgehend neu errichtet. Von der reichen Innenausstattung beeindruckt vor allem der mächtige Hauptaltar mit seiner 4 Meter großen Krone.

Nach seiner Aufhebung 1862 diente das Kloster bis 2000 als kantonale psychiatrische Klinik und soll künftig ein Musikzentrum beherbergen.

Was ?

Eindrucksvolle Gesamtanlage in schöner Lage.
Barocke Kirche mit reicher Innenaustattung.
Mächtiger Hochaltar.
Spaziergang um die Rheininsel.
Wirtschaftsgebäude, Klostergarten und Traubensortengarten.
Sehr informative Führungen unter www.klosterkircherheinau.ch

Wann ?

Aussen jederzeit frei zugänglich.
Klosterkirche innen:
Apr, Mai und Okt:
Di bis Sa von 14:00 bis 16:00
So und Ft von 13:30 bis 17:00
Jun bis Sep:
Di bis Sa von 10:00 bis 12:00
13:00 bis 17:00
So und Ft von 10:30 bis 12:00
13:00 bis 18:00

Wo ?

Individualverkehr:
CH: Von der A4 über die Rheinauerstr. und Poststr. in die Untere Steig.
D: Von L163 oder L165 über die K6582 und die Holzbrücke über die Zollstr. und Ochsengasse in die Untere Steig.
ÖPNV:
SBB Bhf. Marthalen, dann Bus bis Station „Rheinau Unterstadt".

Rheinfall (CH) Schlössli Wörth

Der dreigeschossige Turm mit dem unregelmässigen sechseckigen Grundriss steht auf einem Felsen unterhalb des Rheinfalls, der durch eine Holzbrücke mit dem rechten Rheinufer verbunden ist.

Der Rheinfall mit seinen Stromschnellen war ein Hindernis für die Rheinschifffahrt, an dem alle Waren auf Wagen umgeladen und zwischen dem Rheinfall und Schaffhausen auf Land transportiert werden mussten. Daher wurde an dieser Stelle im 12. Jh. das Schlössli Wörth, oder, wie es damals genannt wurde, die Burg Werd, als Zollstation erbaut.

Ursprünglich ein Habsburger-Lehen, dann Eigentum des Klosters Allerheiligen in Schaffhausen , ist es seit der ersten Hälfte des 19. Jh. im Besitz des Kantons Schaffhausen und dient heute als Restaurant, Imbiss und Bootsanlegestelle zum Rheinfall oder zum Schloss Laufen.

Was ?

Oberhalb des Schlösschens mehrere Parkplätze für den Besuch des Rheinfalls.
Im Erdgeschoss ein Selbstbedienungsimbiss. Im Obergeschoss ein Gourmet Panorama-Restaurant mit Blick auf den Rheinfall.
Anlegestelle für die Ausflugsboote zum Rheinfall, nach Schloss Laufen und den Hochrhein flussabwärts.

Wann ?

Insel-Bistro: täglich ab 07:00
Restaurant:
Täglich von 11:30 bis 23:00
www.schloessliwoerth.ch
Bootsfahrten von Mitte April bis Ende Oktober, Infos und Betriebszeiten unter
www.ryhfall-maendli.ch.

Wo ?

Rheinfallquai 30
CH-8212 Neuhausen am Rheinfall
Tel. +41-52-6722421
www.schloessliwoerth.ch
Individualverkehr:
Von der H13 der Beschilderung durch braune Wegweiser folgen.
ÖPNV:
SBB Bhf. Schaffhausen nach Station „Neuhausen Rheinfall".

Rheinfall (CH)
Schloss Laufen

Das erstmals Mitte des 9. Jh. urkundlich erwähnte Schloss liegt hoch über dem linken Rheinufer und bietet einen grossartigen Ausblick auf den Rhein, insbesondere auf die zahlreichen Stromschnellen im Oberlauf.

Das Schloss war Stammsitz der Freiherren von Laufen, später der von Fulach, bevor es Mitte des 16. Jh. von der Stadt Zürich erworben und grundlegend umgebaut wurde. Dabei entstanden auch der Tor- und der Flankierungsturm. In Folge der französischen Besatzung Ende des 18. Jh. wurde das Schloss an den Landschaftsmaler Ludwig Bleuler verpachtet, der es Mitte des 19. Jh. kaufte und eine Malerschule einrichtete.

Seit 1941 befindet sich das Schloss im Besitz des Kantons Zürich und wird als Restaurant, Jugendherberge und für ein sehenswertes, 11 Zimmer umfassendes, Historama genutzt. Über eine Treppe oder einen Glaslift erreicht man das Känzeli mit spektakulären Blicken auf den Rheinfall und die Bootsanlegestelle.

Was ?

Ausblick auf den Rhein, die Stromschnellen im Oberlauf des Rheinfalls und die Eisenbahnbrücke. Ausflugsrestaurant und Snack. Historama in 11 Zimmern. Glaslift oder Treppe zum Känzeli mit spektakulären Blicken auf den Rheinfall. Bootsanlegestelle mit Fahrt zum Schlössli Wörth.

Wann ?

Restaurant und Snack:
Ganzjährig geöffnet.
Informationen unter
www.schlosslaufen.ch

Wo ?

Schloss Laufen am Rheinfall
CH-8447 Dachsen
Individualverkehr:
Von der A4 an der Ausfahrt Dachsen/Rheinfall der Beschilderung zu den Parkplätzen Rheinfall folgen.
ÖPNV:
SBB Schaffhausen - Winterthur, Station Schloss Laufen am Rheinfall.

Rheinfall (CH) Rheinfallfelsen

Mit einer Höhe von 23 Metern und einer Breite von 150 Metern gehört der Rheinfall zu den drei grössten Wasserfällen in Europa. Seine mittlere Wasserführung beträgt knapp 400 Kubikmeter je Sekunde, die grösste Abflussmenge wurde 1965 mit 1.250 Kubikmeter je Sekunde gemessen.

Entstanden ist der Rheinfall vor rund 15.000 Jahren am Übergang harter Kalkschichten zu einem leicht abtragbaren Schotterbett. Der Rheinfallfelsen ist der Überrest der ursprünglich steil abfallenden Kalksteinflanke.

Der steile Aufstieg und die Kanzel des Rheinfallfelsens bieten zusammen mit der Gischt und dem Donnern des herabstürzenden Wassers eindrucksvolle Ausblicke auf den Rheinfall. Der Rheinfallfelsen kann durch Ausflugsboote nach einer kurzen Überfahrt vom Schlössli Wörth erreicht werden.

Was ?

Reste einer Kalkklippe mitten im Rheinfall.
Steiler Aufstieg zur Kanzel mit eindrucksvollen Blicken auf den Rheinfall.

Wann ?

Betriebszeiten der Ausflugsboote:
Vom Schlössli Wörth zum Rheinfallfelsen (Fahrt 1)
Zwischen Schlössli Wörth und Schloss Laufen (Fahrt 2)
Apr und Okt von 11:00 bis 17:00
Mai und Sep von 10:00 bis 18:00
Jun bis Aug von 09:30 bis 18:30
Tel. +41-52-6724811
www.rhyfall-maendli.ch

Wo ?

Rheinfallquai 30
CH-8212 Neuhausen am Rheinfall
Tel. +41-52-6724811
www.rhyfall-maendli.ch
Individualverkehr:
Von der H13 der Beschilderung durch braune Wegweiser folgen.
ÖPNV:
SBB Bhf. Schaffhausen nach Station „Neuhausen Rheinfall".

Schaffhausen (CH) Fronwagplatz

Der Fronwagplatz am Schnittpunkt von Oberstadt, Vorstadt und Vordergasse ist das Herz der Schaffhauser Altstadt. Das markanteste Gebäude am Platz ist der Fronwagturm mit seiner astronomischen Uhr im Giebelfeld, ein Höhepunkt der Uhrmacherkunst aus der Mitte des 16. Jh.. Ursprünglich war der Turm doppelt so hoch, bevor er Mitte des 18. Jh. einstürzte und neu errichtet wurde. Seinen Namen hat er von der ursprünglich im Erdgeschoss stehenden Fronwaage, ein „a" ist ihm dann im Lauf der Zeit abhanden gekommen.

Daneben steht das rosafarbene „Haus der Gesellschaft zun Herren", seit dem 14. Jh. die Trinkstube des Adels und Mitte des 18. Jh. im spätbarocken Stil mit prächtigem Portal neu erbaut.

Auf dem Platz stehen zwei der bekanntesten Brunnen der Stadt. Auf der Seite des Fronwagturms schaut der auf dem Landsknechtbrunnen stehende Landsknecht in seiner typischen Uniform der Frührenaissance grimmig auf den Platz. Zur Vorstadt hin steht der Mohrenbrunnen. Die Statue, ebenfalls in Frührenaissance-Gewandung, wurde erst Mitte des 19. Jh. vom Rathausbrunnen hierher umquartiert.

Was ?

Geschäftiger Platz im Herzen der Altstadt.
Gemütliche Cafes zur Erholung.
Fronwagturm mit astronomischer Uhr.
Haus der Gesellschaft zun Herren.
Landsknecht- und Mohrenbrunnen.

Wann ?

Jederzeit frei zugänglich.

Wo ?

Schaffhauserland Tourismus
Herrenacker 15
CH-8201 Schaffhausen
T. +41-52-6324020
www.schaffhauserland.ch
Individualverkehr:
Von der A4 über die H14 ins Zentrum, dann eines der Parkhäuser.
ÖPNV: SBB Schaffhausen Hauptbahnhof., dann via Bahnhofstrasse zum Fronwagplatz.

132

Schaffhausen (CH) Bürger- und Zunfthäuser

Das Stadtbild im Zentrum Schaffhausens wird von den stattlichen Bürger- und Zunfthäusern mit ihrem dekorativen Bilderschmuck, den prächtigen Erkern und den oft originellen Hauszeichen geprägt.

Die Zunfthäuser waren die Versammlungsorte der jeweiligen Zunft mit einer Trinkstube für den geselligen Zusammentreff und einem Zunftsaal für feierliche Anlässe. Durch den Verlust ihrer politischen und wirtschaftlichen Macht im 19. Jh. waren die Zünfte gezwungen, ihre Häuser an Private zu verkaufen, um so die Rentenansprüche ihrer Mitglieder zu besichern.

Besonders auffallend in Schaffhausen sind die rund 170 Erker. Sie bringen nicht nur Licht in die Wohnungen, sondern erlaubten den Damen auch die diskrete Beobachtung der Straße und waren ein oft aufwendig geschmücktes Statussymbol.

Zu den sehenswertesten Häusern gehören „Zum Goldenen Ochsen" und zum „Grossen Käfig", das im Obergeschoss den siegreichen Mongolen Tamerlan zeigt, welcher den osmanischen Sultan Bayezit I. in einem Käfigwagen vorführt. Beide Häuser liegen in der Strasse Vorstadt.

Ecke Münstergasse/Vordergasse steht das prächtig bemalte Haus „Zum Ritter" mit dem besten Beispiel von Fresken in Schaffhausen.

Am unteren Ende der Vordergasse stehen das Doppelhaus „Zur Wasserquelle" und „Zur Ziegelerburg" und davor der Tellenbrunnen mit der Statue Willhelm Tells.

Was ?

Bummeln Sie durch die Altstadt und bewundern Sie die zahlreichen prachtvollen und originellen Wandfresken, Erker und Hauszeichen an den Bürger- und Zunfthäusern. Besonders sehenswert:

- Zum Goldenen Ochsen
- Zum Grossen Käfig
- Zum Ritter
- Zunft zun Gerbern

Wann ?

Von aussen jederzeit frei zugänglich.

Wo ?

Vom Fronwagplatz durch die Strasse Vorstadt und dann zurück über den Platz und die Krummgasse.
Vom Fronwagplatz über den Rathausbogen, die Beckenstube und die Münstergasse und dann durch die Vordergasse Richtung Unterstadt bis zum Gerberplatz.

GLEICH ARM
BEGEREND ALLHIE EIN ZVKEEREN
BEQVEME GMACH SIE FINDEND HIE
GIB VNDER SCHLOVFF BEY TAG VND NACHT
DEM WER MICH BSITZT ZV IEDER ZEIT

Zum Ritter

Zum Ritter

SITTICH

133

Schaffhausen (CH) Kirche St. Johann

Die Reste der ursprünglichen romanischen Kirche, die vermutlich bereits im 11. Jh. an dieser Stelle stand, liegen heute in rund zwei Metern Tiefe, als Folge der regen Nutzung des umgebenden Friedhofs.

Die heutige gotische Kirche stammt aus dem 15./16. Jh. und gehört zu den grössten Pfarrkirchen der Schweiz. An den Wänden finden sich noch zahlreiche Reste von Wandmalereien aus der Zeit vor dem Bildersturm der Reformation. Die mächtige Orgel stammt aus der zweiten Hälfte des 19. Jh..

Was ?

Rundweg um die Kirche über die Vordergasse, den Kirchhofplatz und das Kronengässchen mit schönen Blicken auf die Kirche.
Besuch eines Orgelkonzerts. Die Kirche ist für ihre Akustik berühmt.
Zahlreiche Reste von vorreformatorischen Wandmalereien.

Wann ?

Aussen jederzeit frei zugänglich.
Innen täglich von 09:00 bis 18:00, Winterzeit bis 17:00.

Kontakt:

Kirchgemeinde St.Johann-Münster
Pfarramt
beatrice.heieck@ref-sh.ch

Wo ?

Vom Fronwagplatz über die Vordergasse bis zum Kronengässchen.

Schaffhausen (CH) Kloster Allerheiligen

134

Das Kloster wurde Mitte des 11. Jh. von Ita und Eberhard von Nellenburg gegründet. Eine Kopie ihrer Grablegung befindet sich im Münster, das Original im Museum zu Allerheiligen. Ende des 11. Jh. wurde das Kloster direkt dem Papst unterstellt und erhielt das Markt- und Münzrecht, damit wurden die Äbte zu den Stadtherren von Schaffhausen. Das Kloster wurde eines der grossen cluniazensischen Reformklöster. Nach einer wechselvollen Geschichte wurde es in der ersten Hälfte des 16. Jh. in Folge der Reformation aufgelöst.

Der teils romanische, teils gotische Kreuzgang, der grösste der Schweiz, umschliesst den ehemaligen Junkern-Friedhof, auf dem im 16. bis 19. Jh. zahlreiche prominente Schaffhauser beigesetzt wurden. Im rekonstruierten Kräutergarten mit den wiederaufgebauten romanischen Bögen werden alte Gewürze und Heilkräuter gezogen, und die 4,5 Tonnen schwere Glocke hat Schiller zum „Lied von der Glocke" inspiriert.

Was ?

Kreuzgang und ehemaliger Junkern-Friedhof.
Kräutergarten mit alten Gewürzen und Heilkräutern.
Schillerglocke.
Münster.
Museum zu Allerheiligen.

Wann ?

Öffnungszeiten Museum:
Di bis So von 11:00 bis 17:00
Kontakt:
Tel. +41-52-6330777
admin.allerheiligen@stsh.ch
www.allerheiligen.ch

Wo ?

Museum zu Allerheiligen
Klosterstrasse 16
CH-8200 Schaffhausen
Fussweg vom Fronwagplatz:
Durch die Vordergasse über die Münstergasse in die Klosterstrasse.

135

Schaffhausen (CH) Museum zu Allerheiligen

Das Museum im ehemaligen Kloster zu Allerheiligen präsentiert unter einem Dach Archäologie und Kulturgeschichte, eine bedeutende Kunstsammlung sowie Naturgeschichte und beleuchtet mit seinen Ausstellungen eine Vielfalt an Themen. Das Museumscafé, im Sommer im idyllischen Innenhof, lädt zum Verweilen und Entspannen ein.

Der archäologische Rundgang ist auch für Familien mit Kindern bestens geeignet und führt mit Originalexponaten, Modellen und Medienstationen von der Steinzeit bis zu den Römern. Publikumsliebling ist die Multivision zur berühmten prähistorischen Fundstelle „Kesslerloch".

1000 Jahre Schaffhauser Geschichte wird auf dem kulturgeschichtlichen Parcours erlebbar - von sakraler Kunst aus der Klostervergangenheit über Zeugnisse der Zunftherrschaft bis zum wirtschaftlichen Aufschwung durch Industriepioniere, die Schaffhausen zum führenden Industriezentrum der Schweiz machten. Die Bombardierung Schaffhausens und der Aufschwung in der Nachkriegszeit bilden den Abschluss.

Die Kunstsammlung des Museums geniesst internationales Ansehen und umfasst Bilder, Skulpturen und Grafiken. Darunter sind Werke von namhaften Künstlern wie Tobias Stimmer, Lucas Cranach d.Ä., Johann Heinrich Füssli oder Otto Dix. Für die internationale Moderne in der Schweiz um 1900 stehen Cuno Amiet, Ferdinand Hodler und Felix Vallotton.

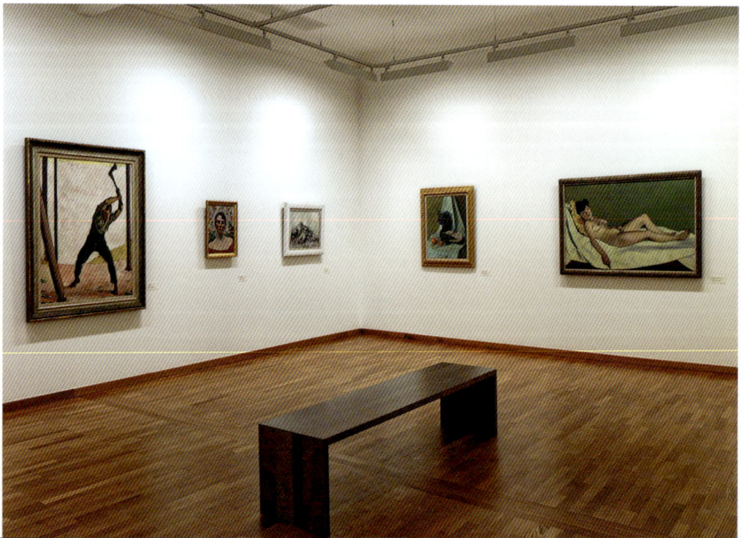

Was ?

Archäologische Sammlung.
Sammlung früher Hochkulturen.
Kulturgeschichte zu drei Epochen in Rundgängen.
Kunstsammlung.
Naturhistorische Sammlung.
Wechsel- und Sonderausstellungen.

Wann ?

Öffnungszeiten:
Di bis So von 11:00 bis 17:00
Kontakt:
Tel. +41-52-6330777
admin.allerheiligen@stsh.ch
www.allerheiligen.ch

Wo ?

Museum zu Allerheiligen
Klosterstrasse 16
CH-8200 Schaffhausen
Fussweg vom Fronwagplatz:
Durch die Vordergasse über die Münstergasse in die Klosterstrasse.

1980

136

Schaffhausen (CH) Münster

Das Münster wurde Ende des 11. Jh. mit drei Schiffen und einem Querhaus in der Tradition der Hirsauer Bauschule erbaut und gilt heute als der grösste romanische Sakralbau der Schweiz.

Von der ursprünglich vermutlich sehr umfangreichen Ausmalung des Kirchenraums sind heute nur noch einige wenige Reste erhalten geblieben.

Sehenswert ist auch die Rekonstruktion der Grablegung von Ita und Eberhard von Nellenburg und ihres Sohns Burkhard.

Was ?

Grösster romanischer Sakralbau der Schweiz.
Reste von Wandgemälden aus dem 15. Jh..
Rekonstruktion der Grablegung der Nellenburgischen Gründer des Klosters Allerheiligen.

Wann ?

Aussen jederzeit frei zugänglich.
Innen täglich von 09:00 bis 18:00, Winterzeit bis 17:00.
Kontakt:
Kirchgemeinde St.Johann-Münster
matthias.eichrodt@ref-sh.ch

Wo ?

Museum zu Allerheiligen
Klosterstrasse 16
CH-8200 Schaffhausen
Fussweg vom Fronwagplatz:
Durch die Vordergasse über die Münstergasse in die Klosterstrasse.

Schaffhausen (CH) Unterstadt

Am Beginn der Unterstadt mit Blick zur Bachstrasse liegen der Gerberplatz und das Haus der „Zunft zun Gerbern“ mit seiner spätbarocken Fassade und einem Zunftsaal mit prachtvoller Stuckdecke.

Einige Meter weiter führt eine schmale Treppe zwischen zwei Häusern in die Weinberge und weiter auf den Munot.

Am Ende der Unterstadt zum freien Platz steht das imposante Gebäude des „Schweizerhofs“, in der ersten Hälfte des 16. Jh. als „Neuer Salzhof“ erbaut.

Was ?

Haus der „Zunft zun Gerbern" mit spätbarocker Fassade und Zunftsaal, heute Restaurant „Gerberstuben".
Treppe in die Weinberge und weiter zum Munot.
„Schweizerhof" aus der ersten Hälfte des 16. Jh..

Wann ?

Von aussen jederzeit frei zugänglich.

Wo ?

Vom Fronwagplatz durch die Vordergasse auf den Gerberplatz, dann durch die Unterstadt auf den Freien Platz.
Kurz hinter dem Gerberplatz führt links eine Treppe zwischen zwei Häusern in die Weinberge und weiter auf den Munot.

Schaffhausen (CH) Munot

138

Bereits Mitte des 14. Jh. existierte an dieser Stelle eine Befestigung. Die heutige Anlage stammt aus der zweiten Hälfte des 16. Jh., war aber bereits beim Bau veraltet und für die Stadt von geringem Verteidigungswert. Den 20 Meter breiten Graben, der die Nordseite schützte, bevölkern heute Damhirsche und die imposanten, auf neun Pfeilern ruhenden Kasematten werden durch vier Deckenöffnungen beleuchtet. Über die Reitschnecke im Turm gelangt man auf die Zinne mit schöner Aussicht auf Schaffhausen.

Was ?

Aufstieg durch die Weinberge von der Unterstadt. Mächtige Kasematten mit Schiessscharten und Geschützkammern. Turm mit Reitschnecke zum Hochziehen der Geschütze. Zinne mit rund 50 Meter Durchmesser und schöner Aussicht auf Schaffhausen und den Rhein. Beliebter Veranstaltungsort für Konzerte und Festlichkeiten.

Wann ?

Öffnungszeiten für Kasematte, Reitschnecke und Zinne:
Mai bis Sep von 08:00 bis 20:00
Okt bis Apr von 09:00 bis 17:00
Führungen durch Munotwächter:
Karola Lüthi
Tel. +41-52-6254225
kalut@gmx.net

Wo ?

Vom Fronwagplatz durch die Vordergasse bis zur Bachstrasse, dann drei Möglichkeiten:
Über die Bachstrasse und den Hirschweg zum Steg über den Graben | Über den Gerberplatz und die Munotstiegtreppe durch den Weinberg | Durch die Unterstadt und den Römerstieg zum Steg.

139

Schaffhausen (CH) Schifflände

Von der Mitte des 12. Jh. bis zur Mitte des 19. Jh. war Schaffhausen dank des Rheinfalls ein überregional wichtiges Handelszentrum. Salz war damals ein wertvolles Handelsgut, es wurde nicht nur für den Konsum und die Tierhaltung sondern auch zur Konservierung von Lebensmitteln benötigt.

Das Salz wurde aus den Bergwerken Salzburgs, Bayerns und Tirols über den Bodensee und den Rhein transportiert und musste dann in Schaffhausen umgeschlagen werden, um weiter über den Rhein nach Vorderösterreich oder die Aare in die Schweiz verschifft zu werden. Als Gegentransport wurde Wein aus dem Schaffhauserland ins Allgäu und nach Bayern geliefert. Mit der Entdeckung der Schweizer Salzvorkommen bei Rheinfelden in der 1. Hälfte des 19. Jh. und mit der Entwicklung der Eisenbahn war es mit der Bedeutung Schaffhausens für den Handel vorbei. Der als Lagerhaus in der zweiten Hälfte des 18. Jh. errichtete „Neue Salzstadel“, heute „Güterhof“ genannt, erinnert noch an diese Zeit.

Was ?

Güterhof mit Cafè und Restaurant und schöner Terrasse am Rheinquai.
Schöner Spaziergang an der Uferpromenade Rheinquai.
Haus der Fischerzunft.
„Salzstadel" aus der zweiten Hälfte des 17. Jh.

Wann ?

Von Aussen
jederzeit frei zugänglich.
Gastronomie im Güterhof:
Freier Platz 10
CH-8200 Schaffhausen
Tel. +41-52-6304040
reservation@gueterhof.ch
www.gueterhof.ch
So bis Do von 08:00 bis 24:00
Fr und Sa von 08:00 bis spätnachts

Wo ?

Vom Fronwagplatz über die Vordergasse und die Unterstadt auf den Freien Platz, dann weiter über den Rheinquai.

140

Schaffhausen (CH) Blauburgunderland

Wein wurde im Schaffhauserland bereits unter den Römern angebaut, später übernahmen dann die Klöster diese Tradition. Heute werden über 480 Hektar in 20 Gemeinden für den Weinbau genutzt. Neben verschiedenen Weiß- und Rotweinsorten wächst hier vor allem der Blauburgunder. Drei von vier Rebstöcken tragen Pinot-Noir-Trauben. Besonders gut gedeiht er auf kalkreichen, durchlässigen und nährstoffreichen Böden. Er verbindet feinste Frucht mit Eleganz und Finesse.

Was ?

Geniessen Sie die schönen Weinlandschaften in Schaffhauserland. Degustieren und kaufen Sie einen der über 60 Weine, die das Vinorama im Haus der Wirtschaft in Schaffhausen präsentiert. Entdecken Sie die zahlreichen kleinen und großen Winzer. Buchen Sie eine Führung zum Thema Wein unter www.schaffhauserland.ch.

Wann ?

Vinorama: Okt bis Apr:
Di bis Fr von 10:00 bis 12:30
und von 13:30 bis 17:00
Sa von 10:00 bis 14:00
von Mai bis Sep:
Mo von 13:30 bis 18:00
Di bis Fr von 10:00 bis 18:00
Sa von 10:00 bis 15:00
Für Veranstaltungen und Gruppen:
Tel. +41-52-6324020

Wo ?

Weinerlebnisse:
www.blauburgunderland.ch
Führungen „Rebe und Wein" oder **„Weinführer Schaffhausen".**
www.schaffhauserland.ch
Das Vinorama und die Tourist-Info befinden sich beide im Haus der Wirtschaft, Herrenacker 15.
Vom Fronwagplatz über die Tanne zum Herrenacker.

Schaffhausen (CH) WeinKeller.sh

Der Gewölbekeller von WeinKeller.sh liegt in der Schaffhauser Vorstadt, unmittelbar am Schwabentor und nur wenige Gehminuten vom Fronwagplatz entfernt. Der gemütliche Keller mit seinem alten Kreuzgewölbe eignet sich sowohl für Degustation und Kauf wie auch für Veranstaltungen. Gefeiert wird dabei an Tischen, die aus den Fassdauben alter Rotweinfässer geschreinert wurden.

WeinKeller.sh hat neben zahlreichen nationalen und internationalen Prämierungen noch andere Besonderheiten zu bieten. Die meisten Weine wachsen am Stadt Schaffhauser Heerenberg, dem ältesten Rebberg der Stadt, der erstmals 1353 urkundlich erwähnt wurde. Nur die besten Jahrgänge vom Pinot noir dieser Lage werden zum Cuvèe 1353 in limitierter Anzahl verarbeitet und einzeln nummeriert. Eine andere Spezialität ist der Diessenhofer Stadt- und Bürgerwy, der zwar auf einem Rebberg am deutschen Rheinufer von Gailingen wächst, geschichtsbedingt aber trotzdem als Schweizer Wein gewertet wird.

Was ?

Spitzenweine vom ältesten Rebberg in Schaffhausen: Pinot blanc, Pinot gris, Chardonnay, Rhywy, Pinot noir, Cuvèe 1353, Vin mousseux, EisArt. Eigene Truffes. Umfangreiches Angebot an Veranstaltungen.
WeinKeller.sh bietet Degustationen im Gewölbekeller und im Rebbberg an.

Wann ?

Verkauf und Degustation:
Mi bis Fr von 14:00 bis 19:00
Sa von 10:00 bis 16:00
Veranstaltungen nach Vereinbarung:
Tel. +41-52-6259650
Mob. +41-79-3459361
info@weinkeller.sh
www.weinkeller.sh

Wo ?

WeinKeller.sh
Marlies Keller & Beat Schindler
Vorstadt 64
Beim Schwabentor
CH-8200 Schaffhausen
Vom Fronwagplatz durch die Vorstadt zum Schwabentor, kurz davor auf der rechten Seite.

142

Beringen (CH) Schloss und Ortsmuseum

In dem im 12. Jh. errichteten Wohnturm und dem später angebauten Palas befindet sich das Ortsmuseum von Beringen. Räumlichkeiten und Ausstellungsstücke ergänzen sich harmonisch und geben einen umfassenden Überblick zur Geschichte und Entwicklung Beringens und seines Umlandes. Dabei werden alle Aspekte des menschlichen Lebens abgedeckt, das Spektrum reicht von Haushalt und Trachten über Militär und Feuerwehr bis hin zu Bildersammlungen.

Was ?

Schloss aus dem 12.Jh. mit Wohnturm, Palas und Zehntenscheune. Ortsmuseum, das alle Aspekte des menschlichen Lebens abdeckt. Übersichtliche Gliederung nach Lebensbereichen.
Kurzweilige Führungen.

Wann ?

Öffnungen nach Voranmeldung jederzeit möglich
Öffnungszeiten und Voranmeldung:
siehe Hompage
www.museum-beringen.ch

Wo ?

Ortsmuseum Beringen
Steig 3
CH-8222 Beringen
Individualverkehr:
Von der H14 in Beringen über die Strasse Oberdorf in „Steig".
ÖPNV:
Von Schaffhausen mit Bus NFB 21 oder im 15 Minuten Takt mit der S-Bahn bis Beringen.

Beringen (CH) Randenturm

Der Randen ist ein plateauartiger Höhenzug, der grösstenteils im Kanton Schaffhausen liegt. Seine Tafeljura-Landschaft wird von zahlreichen Erosionstälern gegliedert, und so unterscheidet man sieben verschiedene Randen.

Einer davon ist der Beringer Randen, auf dem ein 26 Meter hoher Aussichtsturm steht, der einen tollen Ausblick auf die umgebende Landschaft bietet, darunter auf das Lieblosental, in dem schon zur Römerzeit ein Gutshof stand.

Am Fuss des Turms befinden sich ein Parkplatz, ein kleines Restaurant und ein Kinderspielplatz. Mit wenigen Ausnahmen ist der Randen verkehrsfrei und bietet zahlreiche Wanderwege und Mountainbike-Strecken.

Was ?

Tafeljura-Landschaft mit bewaldeten Höhen und kultivierten Erosionstälern. 26 Meter hoher Aussichtsturm mit toller Aussicht. Restaurant mit Kinderspielplatz unmittelbar am Turm.
Schöne Wanderwege und Mountainbike-Strecken.
Der Turm kann mit dem Auto erreicht werden.

Wann ?

Beringer Randenturm:
Jederzeit frei zugänglich
Restaurant:
Öffnungszeiten und Reservation unter www.randenturm.ch

Wo ?

Individualverkehr:
Von der H14 in Beringen in mehreren Kehren durch ein Neubaugebiet in die Randenturmstrasse. Parkmöglichkeit unmittelbar am Turm.
ÖPNV:
Von Schaffhausen mit Bus NFB 21 oder im 15 Minuten Takt mit der S-Bahn bis Beringen. Wanderweg zum Randenturm.

Löhningen (CH) Trotte

144

Die eindrucksvolle Trotte aus dem Jahr 1603 gehörte einst dem Kloster Allerheiligen in Schaffhausen.

Die in der Trotte stehende Originalbaumtrotte aus dem Jahr 1713 erinnert an den Weinbau der damaligen Zeit. Der Begriff Trotte abgeleitet vom Wort „treten" stammt aus der Zeit, in der die Trauben noch mit den Füssen zertreten wurden.

Heute wird die Trotte von der 1951 gegründeten Weinbaugenossenschaft Löhningen genutzt, welche die Trauben von 29 Produzenten keltert.

Auf einer Fläche von rund 14 Hektar werden etwa 60 % Riesling-Silvaner, 20 % Pinot Noir und 20 % Spezialitäten angebaut. Der bekannte Löhninger Riesling-Silvaner-Wein verdankt sein beliebtes Muskatbukett dem kalkhaltigen und teils lehmigen Boden.

Die Weine können in der gemütlichen Probierstube in der Trotte degustiert und gekauft werden.

Was ?

400 Jahre altes Trottengebäude.
Mächtige Baumtrotte.
Gemütlicher Degustierraum.
Weinverkauf der Weinbaugenossenschaft Löhningen.
Riesling-Silvaner, Pinot Noir, diverse Spezialitäten und Cuvées.

Wann ?

Weinverkauf:
Fr von 17:30 bis 19:00
Sa von 10:00 bis 12:00
oder nach Voranmeldung:
Tel. +41-52-6853646
info@trotte.ch
www.trotte.ch

Wo ?

Trotte Löhningen
Herrengasse 21
CH-8224 Löhningen
Individualverkehr:
Von der H14 Stühlingen - Schaffhausen in Löhningen über die Herrengasse.
ÖPNV:
von Schaffhausen mit SHBus Linie 21 Richtung Schleitheim.

145

Wilchingen (CH) Weingut Haumesser

Das Weingut Haumesser der Familie Gysel bietet in einem über dreihundert Jahre alten Gebäude, ursprünglich eine Metzgerei, daher der Name, dem Besucher viel Interessantes an. In einer gemütlichen Probierstube wird der Wein der lokalen Lage „Hohlenberg" verkostet, Wilchingen kann mit einer Wöschwiberführung erkundet werden, und Kinder können mit den Mini-Shetlandponys Trekking-Touren unternehmen. In einer Jahrtausende alten Höhle mitten in den Weinbergen kann gevespert und gefeiert werden.

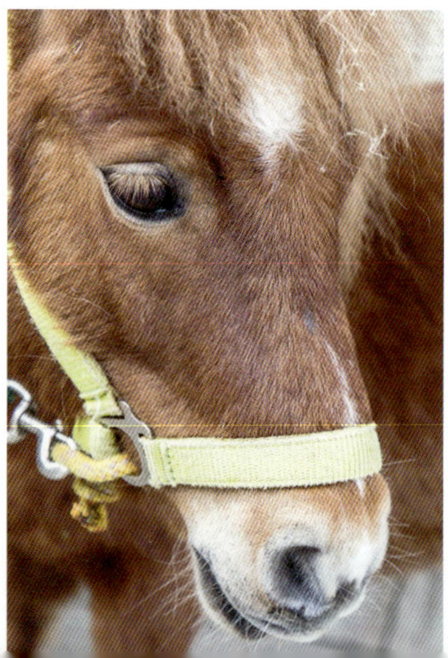

Was ?

Weinverkostungen, Veranstaltungen und Weinverkauf in der Probierstube. Ausgangspunkt für Wöschwiberführungen durch Wilchingen. Pony-Trekking für Kinder. Vespern und Feiern in einer Höhle mitten in den Weinbergen auf den Spuren der Steinzeitmenschen. Schöne Ferienwohnung im renovierten Wöschhüsli.

Wann ?

Degustation und Verkauf:
Jeden 1. und 3. Samstag im Monat von 09:00 bis 12:00.
Voranmeldung für Degustation und Verkauf, Pony-Trekking, Veranstaltungen und die Ferienwohnung unter:
Tel. +41-52-6812875
gysel.haumesser@bluewin.ch
www.gysel-haumesser.ch

Wo ?

Weingut Haumesser
Markus & Silvia Gysel
Hauptstrasse 17
CH-8217 Wilchingen
Individualverkehr:
Von der H13 Waldshut-Tiengen - Schaffhausen über den Tiefenweg in die Hauptstrasse.
ÖPNV: Von Waldshut-Tiengen oder Schaffhausen mit Bus NFB 27.

Kapitel V

Zwischen Schaffhausen und Stein am Rhein

Kapitel V
Zwischen Schaffhausen und Stein am Rhein

146	S. 394	Schifffahrt Schaffhausen - Stein am Rhein
147	S. 396	Kloster St. Katharinental
148	S. 498	Diessenhofen - Stadtbild
149	S. 400	Gailingen - Holzbrücke
150	S. 402	Gailingen - Jüdisches Museum
151	S. 404	Gailingen - Jüdischer Friedhof
152	S. 406	Gailingen - Nikolauskapelle
153	S. 408	Gailingen - Liebfelsisches Schlösschen
154	S. 410	Gailingen - Historische Weintrotten
155	S. 412	Gailingen - Bürglischloss
156	S. 414	Wagenhausen - Propsteikirche
157	S. 416	Kaltenrain - Staatsdomäne
158	S. 418	Stein am Rhein - Stadtbild
159	S. 420	Stein am Rhein - Rathaus
160	S. 426	Stein am Rhein - Krippenwelt-Museum
161	S. 428	Stein am Rhein - Bürgerasyl
162	S. 430	Stein am Rhein - Kloster und Kirche St. Georgen
163	S. 436	Stein am Rhein - Kirche Burg
164	S. 438	Stein am Rhein - Burg Hohenklingen
165	S. 440	Stein am Rhein - Insel Werd

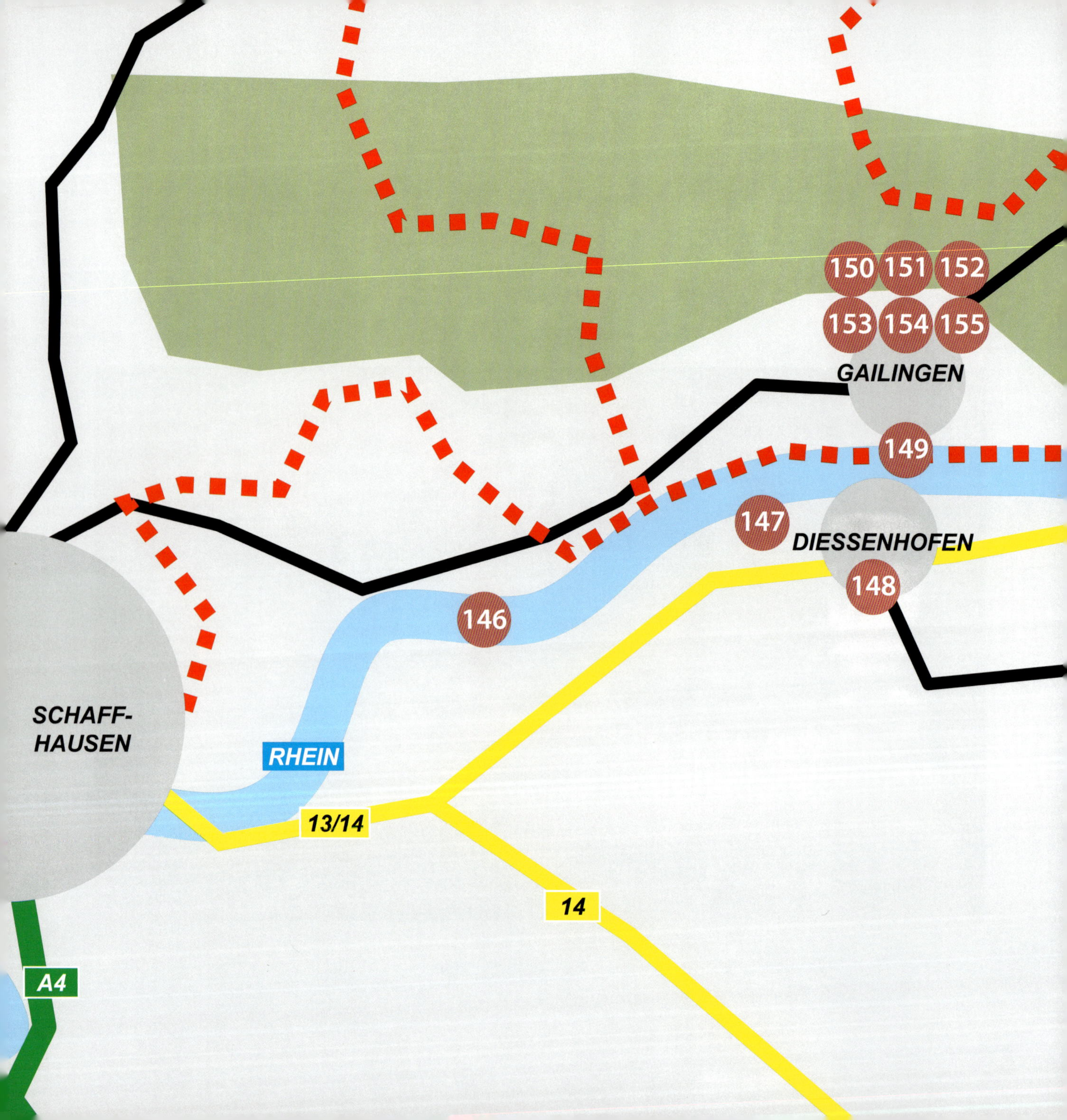
150
151
152
153
154
155
GAILINGEN
149
147
DIESSENHOFEN
148
146
SCHAFF-
HAUSEN
RHEIN
13/14
14
A4

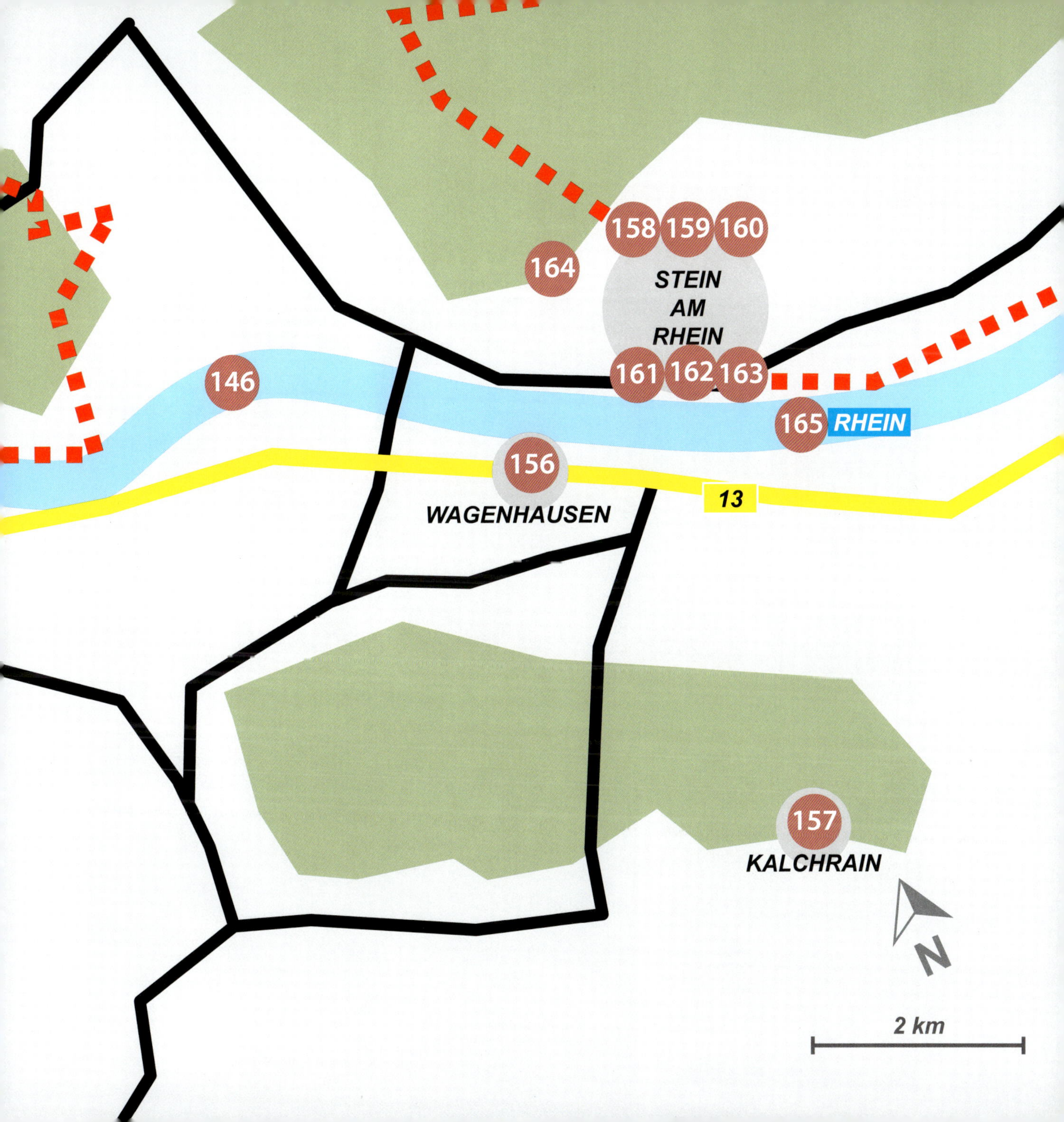
158
159
160
164
STEIN AM RHEIN
146
161
162
163
165
RHEIN
156
WAGENHAUSEN
13
157
KALCHRAIN
N
2 km

146

Schifffahrt (CH/D) Schaffhausen - Stein am Rhein

Was ?

Auf der Fahrt erhalten Sie nicht nur malerische Eindrücke von der Uferlandschaft sondern passieren auch interessante Orte wie die Enklave Büsingen, das Kloster St. Katharinental, die alte Holzbrücke in Diessenhofen und die Propstei Wagenhausen. Dazu kommen noch die schönen Ausblicke vom Fluss auf Schaffhausen und Stein am Rhein.

Wann ?

Schweizerische
Schifffahrtsgesellschaft
Untersee und Rhein AG
Fahrplaninformationen:
Tel. +41-52-6340888
info@urh.ch | www.urh.ch
Neben den regelmässigen Linienkursen werden auch zahlreiche Sonderfahrten angeboten und die Schiffe können für Anlässe gechartert werden.

Wo ?

In **Schaffhausen** befindet sich die Anlegestation an der Schifflände. Vom Fronwagplatz über Vordergasse und Unterstadt auf den Freien Platz.
In **Stein am Rhein** befindet sich die Anlegestation am stromabwärts liegenden Ende der Altstadt, ca. 500 Meter vom Bahnhof entfernt.
Weitere Anlegestationen unter www.urh.ch

Kloster St. Katharinental (CH)

147

Der Ursprung des Klosters geht auf eine kleine Gemeinschaft von Beginen zurück, Nonnen die sich der Armut und der Krankenpflege verschrieben haben und die in der ersten Hälfte des 13. Jh. von Winterthur nach Diessenhofen übersiedelten. Dort errichteten sie ausserhalb der Stadt ein Kloster, das vom Papst in den Dominikanerorden inkorporiert wurde. Das Kloster erlebte einen raschen Aufschwung und zählte gegen Ende des 13. Jh. bereits 150 Nonnen.

In der ersten Hälfte des 18. Jh. wurden die heutige Klosteranlage und die der Heiligen Katharina von Alexandrien, der Patronin des Dominikanerordens, geweihte Kirche von dem Vorarlberger Baumeister Franz Beer und seinem Sohn Johann Michael als eines der bedeutendsten Beispiele süddeutschen Barocks errichtet.

Nach der Aufhebung des Klosters in der zweiten Hälfte des 19. Jh. diente die Anlage dem Kanton Thurgau als Alters- und Pflegeheim und beherbergt heute eine Rehabilitationsklinik für Erkrankungen des Bewegungsappates.

Was ?

Schöne Gesamtanlage mit Spazierweg am Rheinufer.
Barocke Kirche mit zahlreichen Statuen, Altären und Gemälden.
Hausmuseum (nur bei Führungen).
Volkskundliche Sammlung zur Wein- und Mostbereitung im Erdgeschoss des Kornhauses (nur bei Führungen).

Wann ?

Von aussen jederzeit frei zugänglich.
Öffnungszeiten Klosterkirche:
Apr bis Sep am Di und Mi
von 14:30 bis 16:30
Okt bis Mär jeden 1. und 3. Mi
von 14:30 bis 16:30
Führungen: Amt für Denkmalpflege
Frau Betty Sonnberger
Tel. +41-58-3456700
betty.sonnberger@tg.ch

Wo ?

Klinik St. Katharinental
CH-8253 Diessenhofen
Individualverkehr:
Von der H13 bei der ersten Abzweigung westlich von Diessenhofen auf die Schaffhauserstr., dann erste Abzweigung Richtung Rhein.
ÖPNV:
SBB Station Katharinental.

Diessenhofen (CH) Stadtbild

148

Die erste urkundliche Erwähnung des Ortes datiert aus der Mitte des 8. Jh., als der Priester Lazarus das Dorf Diessenhofen dem Kloster St. Gallen vermachte. Der Ortsname leitet sich von „Höfe des Diezo“ ab, dem alemannischen Gründer.

In der zweiten Hälfte des 12. Jh. erhob Graf Hartmann II von Kyburg den Ort zur Stadt. Die Urkunde gilt als das älteste erhaltene Stadtrecht der Schweiz.

Mitte des 13. Jh. fiel die Stadt an die Habsburger. Mitte des 15. Jh. wurde sie von der Eidgenossenschaft eingenommen zu der sie seitdem gehört, seit 1800 als Teil des Kanton Thurgau. Mitte des 16. Jh. wurde der Siegelturm errichtet, der seit dem 16. Jh. der Aufbewahrung des Stadtsiegels und der Urkunden dient.

Zu den zahlreichen Sehenswürdigkeiten der Stadt gehören der Hänkiturm, der Unterhof, das Rathaus, die hölzerne Rheinbrücke in den deutschen Nachbarort Gailingen sowie eine reiche Kunstszene mit Ateliers und Ausstellungen.

Was ?

Malerisches Stadtbild mit verwinkelten Gassen und schönen Ausblicken.
Siegelturm.
Rathaus.
Hänkiturm.
Unterhof und Oberhof.
Hölzerne Rheinbrücke.
Kirche St. Dionysius.
Stadtführungen.

Wann ?

Von aussen jederzeit frei zugänglich.
Stadtführungen:
Tourismus Regio Diessenhofen
Rosenbergstrasse 6
CH-8253 Diessenhofen
Tel. +41-52-6572986
oder
Stadtverwaltung Diessenhofen
Tel. +41-52-6464242
info@diessenhofen.ch

Wo ?

Individualverkehr:
Von der H13 bei der ersten Abzweigung westlich von Diessenhofen auf die Schaffhauserstrasse ins Stadtzentrum.
ÖPNV:
SBB Station Diessenhofen.

Gailingen (D) Holzbrücke

149

Die erste gesicherte Nachricht über eine Rheinbrücke zwischen Gailingen und Diessenhofen geht auf ein Privileg Herzog Albrechts von Österreich vom Ende des 13. Jh. zurück.

Der Brückenzoll bildete zusammen mit dem Schifffahrtszoll rasch eine wichtige Einnahmequelle für die Stadt.

Ende des 18. Jh. zerstörten russische Truppen auf ihrem Rückzug vor den Franzosen die Brücke. Die heutige Holzbrücke wurde dann zu Beginn des 19. Jh. errichtet und kann mit PKW befahren werden.

Die Brücke bietet einen schönen Blick auf das schweizer Ufer.

Was ?

Schöner Blick auf die Brücke und die Uferfront von Diessenhofen (CH) mit ihren malerischen Häusern vom deutschen Uferweg aus.
Durch die Brücke laufen und die Holzkonstruktion vom Beginn des 19. Jh. bewundern.

Wann ?

Öffnungszeiten:
Jederzeit frei zugänglich.

Wo ?

Individualverkehr:
In D von der B34 Schaffhausen-Singen auf die L190 durch Gailingen in die Rheinstraße.
In CH von der H13 über die Schaffhauserstrasse durch Diessenhofen.
ÖPNV:
In D VHB Bus 7351 Station „Gailingen - Ramsener Straße".
In CH SBB Station Diessenhofen.

150

Gailingen (D) Jüdisches Museum

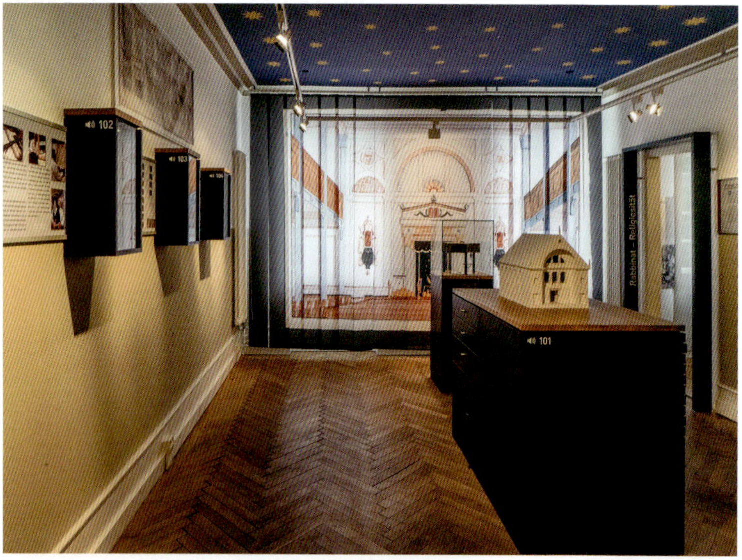

Das Museum befindet sich im ersten Stock des ehemaligen jüdischen Schul- und Gemeindehauses, das Mitte des 19. Jh. gegenüber der Synagoge erbaut wurde, an die heute nur noch eine Gedenkstätte erinnert.

Das Museum dokumentiert die jüdische Geschichte Gailingens, aber auch der jüdischen Landgemeinden im Hegau wie Randegg, Wangen und Worblingen.

Im Untergeschoss ist die Mikwe, das Ritualbad, erhalten geblieben.

Was ?

Themenschwerpunkte:
- Die Gailinger Synagoge
- Rabbinat-Religiosität
- Assimilation
- Jüdisches Gailingen
- Jüdisches Leben
- Verfolgung und Vernichtung
- Jüdischer Hegau

Ein Medienraum bietet u.a. Zeitzeugeninterviews.

Wann ?

Öffnungszeiten:
Mo bis Fr von 09:00 bis 16:00
Sa und So nach Vereinbarung
Kontakt:
Tel. +49-7734-934226
jued.geschichte.gailingen@t-online.de
www.jm-gailingen.de

Wo ?

Ramsener Straße 12
D-78262 Gailingen am Hochrhein
Individualverkehr:
In D von der B34 Schaffhausen-Singen auf die L190 durch Gailingen in die Rheinstraße, von dort in die Gartenstraße.
ÖPNV:
VHB Bus 7351 Station „Gailingen - Ramsener Straße".

Gailingen (D) Jüdischer Friedhof

151

Mitte des 17. Jh. erhielten 6 jüdische Familien Schutzbriefe. 1657 wurde Ihnen ein Gelände als Friedhof zugewiesen, der auch von den weiteren jüdischen Landgemeinden im Hegau genutzt wurde. Die Juden hatten dem Grundherrn bis 1830 ein jährliches Begräbnisgeld von 4 Gulden zu zahlen. Der Platz galt ab dem Anfang des 19. Jh. als unwidersprochenes Eigentum der israelitischen Gemeinde. Auf dem über 150 Ar großen Gelände stehen noch rund 1.300 Grabsteine, älteste vom Ende des 17. Jh.

Was ?

Weitläufiger Friedhof in schöner Lage am Waldrand.
Rund 1.300 Grabsteine, davon viele mit Ornamenten und zweisprachigen Inschriften.

Wann ?

Den Schlüssel zum Friedhof erhält man gegen einen Ausweis als Pfand an der Infotheke im Rathaus in der Hauptstraße 7.

Mo, Di, Mi + Fr von 08:30 bis 12:00
Mo zusätzlich von 14:00 bis 16:00
Do von 14:00 bis 18:00

Wo ?

Individualverkehr:
Von der Hauptstraße über die Gottmadinger Straße (L190) und den Genterweg in die Bürglestraße.
ÖPNV:
VHB Bus 7351 Station „Gailingen - Altersheim".

Gailingen (D) Nikolauskapelle

Die romanisch geprägte Kapelle wurde im 11. Jh. erbaut. Später kam es in den Besitz des Dominikanerinnenklosters St. Katherinental, in dessen Auftrag das Bauwerk verlängert und mit einem Renaissancealtar ausgestattet wurde. Im 18. Jh. wurde das Innere der Kapelle mit Rokoko Stuckatur geschmückt. Heute ist die Kapelle ein beliebter Ort für Trauungen und Taufen.

Was ?

Schöne Lage über dem Rhein unmittelbar an einem alten Bauernhof.
Romanisches Bauwerk.
Renaissancealtar.
Rokoko-Stuckarbeiten.
Internationale Radwege entlang des Rheins.

Wann ?

Öffnungszeiten:
Privatgrundstück, außen von 09:00 bis 17:00 zugänglich.
Wird auf Anfrage geöffnet, ansonsten über ein Guckloch einsehbar.

Wo ?

Individualverkehr:
In D von der B34 Schaffhausen-Singen auf die L190 durch Gailingen in die Rheinstraße bis zur Rheinbrücke, dann über den Strandweg ca. 1,8 Kilometer Richtung Stein am Rhein, unterhalb des Bauernhauses parken und der Beschilderung folgen.
ÖPNV:
VHB Bus 7351 Station „Gailingen - Jugendwerk".

153

Gailingen (D)
Liebenfelsisches Schlösschen

Was ?

Dreigeschossiges Herrenhaus aus der Mitte des 18. Jh. im schlichten Barockstil. Über der Freitreppe Wappenpaar von Liebenfels/von Randegg.
Im Trausaal hochwertige Stuckdecke mit Architektur-Vedouten.

Wann ?

Von außen jederzeit frei zugänglich.
Besichtigung auf Anfrage in der Tourist-Infomation.
Mo, Di, Mi + Fr von 08:30 bis 12:00
Mo zusätzlich von 14:00 bis 16:00
Do von 14:00 bis 18:00

Wo ?

Bergstraße, unmittelbar neben der Kirche.
D-78262 Gailingen am Hochrhein
Individualverkehr:
In D von der B34 Schaffhausen-Singen auf die L190 durch Gailingen in die Rheinstraße, die Hauptstraße kreuzen, in die Bergstraße.
ÖPNV:
VHB Bus 7351 Station „Gailingen - Löwen“.

154

Gailingen (D) Historische Weintrotten

Die in der zweiten Hälfte des 16. Jh. erbaute Randegger Trotte ist eine von vier noch erhaltenen historischen Trotten in Gailingen und gilt als der bedeutendste Kelterbau Südbadens. Die zahlreichen Löcher in den Wänden haben einen praktischen Sinn, sie sollen den Abzug der giftigen Gärgase ermöglichen. Zum besonderen Schmuck des Gebäudes sind sie bei der Randegger Trotte nicht nur als einfache Dreiecke sondern auch in Zierformen ausgeführt. Im Inneren findet sich eine Sammlung alter Weinbauutensilien.

Was ?

Bedeutendster Kelterbau Südbadens.
Ungewöhnlich schmuckvolle Öffnungen zum Abzug der Gärgase.
Ursprünglich enthielt die Trotte zwei große Baumtorkeln.
Endrucksvolles Sammelsurium alter Weinbauutensilien.

Wann ?

Die Trotte ist von außen jederzeit frei zugänglich.
Für einen Besuch des Inneren wendet man sich an den Besitzer:
Herr Adi Auer
Tel. +49-7734-647
archadi@aol.cm

Wo ?

Trottenweg
D-78262 Gailingen am Hochrhein
Individualverkehr:
In D von der B34 Schaffhausen-Singen auf die L190 durch Gailingen in die Hauptstraße, von dort über die Ramsener Straße in den Trottenweg.
ÖPNV: VHB Bus 7351 Station „Gailingen - Ramsener Straße".

155

Gailingen (D)
Bürglischloss

Was ?

Mittelalterliche Burg, von der aber kaum noch Überreste erhalten sind.
Anstelle der Burg ein hölzener Aussichtsturm mit schönem Blick auf das Rheintal und auf Gailingen.
Schöner Waldspaziergang, ca. 20 Minuten, vom Parkplatz der Kliniken Schmieder.

Wann ?

Jederzeit frei zugänglich.

Wo ?

Individualverkehr:
In D von der B34 Schaffhausen-Singen auf die L190 durch Gailingen in die Rheinstraße, die Hauptstraße kreuzen in die Bergstraße, dann über die Alte Poststraße zum Parkplatz der Kliniken Schmieder.
ÖPNV:
VHB Bus 7351 Station „Gailingen - Altersheim", dann zu Fuß.

Wagenhausen (CH) Propsteikirche

156

Bereits zum Ende des 11. Jh. errichtete das Benediktinerkloster Allerheiligen aus Schaffhausen ein kleines „Kloster der hl. Maria". Die Kirche ist eine romanische Basilika im lombardischen Stil. Die Fresken, u.a. von der hl. Agathe, entstanden im frühen 16. Jh.. Im Kreuzgang befinden sich Grabtafeln von Pröpsten aus dem 18. und 19. Jh. sowie ein Pestsarg mit ausklappbarem Boden vom Beginn des 17. Jh.. Damals starb rund die Hälfte der Thurgauer Bevölkerung an der Pest.

Was ?

Schöne Lage am Rheinufer mit Blick auf Stein am Rhein.
Romanische Basilika.
Kreuzgang mit Grabtafeln und einem Pestsarg.
Malerischer Friedhof unmittelbar am Rhein.

Wann ?

Öffnungszeiten:
Aussen jederzeit frei zugänglich.
Die Kirche ist tagsüber geöffnet.
Evangelische Kirchengemeinde Wagenhausen.
Propstei 10
CH-8259 Wagenhausen
Tel. +41-52-7403636
evang-wagenhausen@bluemail.ch

Wo ?

Propstei 10
CH-8259 Wagenhausen
Individualverkehr:
In Wagenhausen von der H13 in die Strasse „Propstei".
ÖPNV:
Postautobus Haltestelle „Stein am Rhein".

Kalchrain (CH) Staatsdomäne

157

Bereits in der ersten Hälfte des 14. Jh. wurde das Zisterzienserinnen-Kloster „Maria Zell am Kalchrain“ erstmals urkundlich erwähnt. Mitte des 16. Jh. wurden die ersten Reben gepflanzt. Zu Beginn des 17. Jh. wurde das Kloster im barocken Stil umgebaut. Heute wird das Anwesen vom Kanton Thurgau als Massnahmenzentrum für die Resozialisierung und Ausbildung von straffälligen jungen Männern genutzt. Unter anderem erlernen auch junge Winzer auf den ca. drei Hektar Rebfläche und im Klosterkeller ihr Handwerk.

Was ?

Ehemaliges Kloster im Barockstil. Schöne Innenräume. Im Innenhof barocke Kirche mit Kreuzgang. Schöne Kellergewölbe zum Degustieren und Weineinkauf. Auf ca. drei Hektar Rebfläche wachsen rund 65% Pinot Noir und 35% Müller-Thurgau. Obstbrände aus der eigenen Landwirtschaft.

Wann ?

Verkauf ab Keller:
Mo bis Fr von 08:00 bis 11:45 und
von 13:30 bis 16:30
Besuch nur gegen Voranmeldung.
Tel. +41-52-7482323
kalchrain@tg.ch
www.weinkalchrain.tg.ch
Allgemeine Informationen zur Anlage und zum Massnahmenzentrum:
www.kalchrain.tg.ch

Wo ?

Massnahmenzentrum Kalchrain
CH-8536 Hüttwilen
Individualverkehr:
Von der H13 in Eschenz über die Frauenfelder Strasse nach Kalchrain.
ÖPNV:
Postautobus Stein am Rhein - Frauenfeld bis Haltestelle „Kalchrain".

158

Stein am Rhein (CH) Stadtbild

Die hauptsächlich in der Zeit vom 15. bis zum 17. Jh. entstandenen Bürgerhäuser mit ihren schmucken Erkern und den prächtigen Fassadenmalereien sind die berühmte Sehenswürdigkeit, wegen der zahllose Touristen aus aller Welt nach Stein am Rhein kommen, und die Stadt vor allem während der Saison in den Sommermonaten täglich von einem Vielfachen der Einwohnerzahl besucht wird..

Zu den markantesten Gebäuden gehören das Schwarze Horn mit dem Einzug des Freiherrn von Schwarzenhorn in Stein, er war kaiserlicher Resident beim türkischen Sultan gewesen. Das Gasthaus zur Sonne mit der Begegnung zwischen Alexander dem Grossen und Diogenes und dem anzüglichen Spruch„Geh mir aus der Sonne". Die Steinerne Traube mit der übergewichtigen Weintraube. Der Rote Ochsen, die älteste Taverne der Stadt von der Mitte des 15. Jh. und Der Weisse Adler mit der ältesten erhaltenen Fassadenmalerei der Schweiz vom Beginn des 16. Jh..

Was ?

Schwarzes Horn (Rathauspl. 17)
Sonne (Rathauspl. 13)
Steinerner Trauben (Rathauspl. 11)
Rother Ochsen (Rathauspl.9)
Vordere Krone (Ratghauspl. 7)
Weisser Adler (Oberstadt 1)
Brodlaub (Brodlaubg. 1)
Untertor, Obertor und Hexenturm

Wann ?

Von aussen jederzeit frei zugänglich.

Wo ?

Altstadt Stein am Rhein.
Individualverkehr:
Von der H13 über die Rheinbrücke der Beschilderung zu den Parkplätzen folgen. Die Altstadt ist Fussgängerzone.
ÖPNV:
SBB Station Stein am Rhein

Am 27. Februar 1664 ist
in die Stadt eingefahren
Freiherr Rud. Schmid
von Schwarzenhorn
Bürger zu Stein
Minister am kaiserl.
Hof zu Wien
Gesandter beim Sultan
zu Konstantinopel.
und ist in diesem seinem
Geburtshause abge-
stiegen

G Brunner

1688
Zum Steinenen Trauben

LASSET UNS AM ALTEN
SO ES GUT IST HALTEN
DOCH AUF ALTEN GRUND
NEUES WIRKEN JEDE STUND
G. KELLER

Stein am Rhein (CH) Rathaus

Ende des 3. Jh. errichteten die Römer unter Kaiser Diokletian nahe der späteren Kirche Burg eine rund 90 mal 90 Meter grosse Grenzbefestigung zum Schutz einer Rheinbrücke.

Mitte des 13. Jh. wurde die Stadt erstmals urkundlich erwähnt. Grund- und Marktherr war das Kloster St. Georgen. Mitte des 15. Jh. erlangte die Stadt den Status der Reichsfreiheit, verbündete sich mit Zürich und Schaffhausen gegen die Habsburger und stellte sich Ende des 15. Jh. unter die Schutzherrschaft Zürichs und damit der Eidgenossenschaft. Seit dem Ende des 18. Jh. gehört die Stadt zum Kanton Schaffhausen.

Das Rathaus wurde Mitte des 16. Jh. als Kauf-, Tuch-, Korn- und Rathaus errichtet. Die Historienbilder an der Fassade stammen vom Beginn des 20. Jh. Der mächtige Bau prägt den Rathausplatz und das Stadtbild.

Was ?

Mächtiger Bau im Zentrum der Stadt.
Schöne Fassadenmalerei vom Beginn des 20. Jh..
Die Tourist Information befindet sich gegenüber am Beginn der Oberstadt.
Der Rathausplatz eignet sich gut als Ausgangspunkt für die Erkundung von Stein am Rhein.

Wann ?

Von aussen jederzeit frei zugänglich.
Öffnungszeiten Tourist Info:
Mo von 13:30 bis 17:00
Di bis Fr von 09:30 bis 12:00 und von 13:30 bis 17:00
Jul und Aug zusätzlich
Sa und So von 09:30 bis 12:00 und von 13:30 bis 16:00

Wo ?

Rathaus:
Rathausplatz 1
Tourist Info
Oberstadt 3
Individualverkehr:
Von der H13 über die Rheinbrücke der Beschilderung zu den Parkplätzen folgen. Die Altstadt ist Fussgängerzone.
ÖPNV:
SBB Station Stein am Rhein

Stein am Rhein (CH) Krippenwelt-Museum

160

Was ?

Ältestes, noch original erhaltenes Haus in Stein am Rhein vom Beginn des 14. Jh..
Rund 600 Krippen aus über 80 Ländern können bestaunt werden.
Shop mit Krippen und weihnachtlichen Geschenkartikeln.
Bistro zur Erholung und Stärkung.

Wann ?

Öffnungszeiten:
Di bis So von 10:00 bis 18:00
Im Dez auch Mo
Führungen:
Gruppenführungen nach Vereinbarung
Tel. +41-52-7210005
info@krippenwelt-ag.ch
www.krippenwelt-ag.ch

Wo ?

Krippenwelt
Oberstadt 5
CH-8260 Stein am Rhein
Vom Rathausplatz in die Oberstadt, eines der ersten Häuser links.

161

Stein am Rhein (CH)
Bürgerasyl

Das zum Kloster gehörende Spital „Zum heiligen Geist" wurde erstmals Mitte des 14. Jh. schriftlich erwähnt. In der 2. Hälfte des 15. Jh. ging es in den Besitz der Stadt über und beherbergte bis zur Schliessung 1963 Arme und Kranke.

Von 1999 bis 2002 wurde der Komplex aus insgesamt fünf Gebäuden vorbildlich restauriert und dabei archäologisch untersucht. Heute werden die Gebäude unter anderem von der Tourist-Information genutzt.

Was ?

Vorbildlich restauriertes mittelalterliches Ensemble.
Installationen geben einen Einblick in das mittelalterliche Leben.
Wandmalereien und Graffiti.

Wann ?

Öffnungszeiten:
Innenhof tagsüber zugänglich.

Wo ?

Bürgerasyl.
Oberstadt 3
CH-8260 Stein am Rhein
Am Beginn der Oberstadt gegenüber vom Rathaus gelegen.

Stein am Rhein (CH) Kloster und Kirche St.Georgen

162

Zu Beginn des 11. Jh. verlegte Kaiser Heinrich II ein im 10. Jh. auf dem Hegauvulkan Hohentwiel errichtetes Benediktinerkloster an die Strassen- und Wasserkreuzung Stein am Rhein, um so die Gegend besser zu entwickeln.

Die Kirche weist zahlreiche Elemente aus dem 12. Jh. auf und hatte ursprünglich getrennte Bereiche für Laien und Mönche. Die beiden Ecktürme wurden im 16. Jh. baufällig, der Südturm stürzte ein und der Nordturm wurde durch einen spätgotischen Glockenturm ersetzt.

Die Klostergebäude stammen hauptsächlich aus dem 13. bis 15. Jh.. Der Anfang des 16. Jh. errichtete und mit einem Freskenzyklus ausgeschückte Festsaal gehört zu den frühesten Zeugnissen der Renaissance nördlich der Alpen. In Folge der Reformation wurde das Kloster Anfang des 16. Jh. aufgehoben, kam zur Stadt Zürich und wurde Sitz der Zürcher Amtsmänner. Nach einer wechselvollen weiteren Geschichte werden die Gebäude heute als Museum genutzt.

Was ?

Romanischer Kirchenbau aus dem 12. Jh.. Gotischer Kreuzgang. Festsaal mit Renaissance-Freskenzyklus mit Figuren und Szenen aus der antken Geschichte in den Fensterlaibungen. Amtmannssaal vom Beginn des 17. Jh.. Schöne Gesamtanlage mit Klostergarten und Rheinblick.

Wann ?

Öffnungszeiten Klostermuseum:
Apr - Okt Di - So von 10:00 bis 17:00
Führungen für Gruppen:
Tel. +41-52-7412142
klostermuseum@bak.admin.ch
Für Einzelpersonen im Rahmen von Stadtführungen über Tourismus Stein
Tel. +41-52-6324032
tourist-service@steinamrhein.ch
www.tourismus.steinamrhein.ch

Wo ?

Zugang zum Klostermuseum über die Klosterhöfe südlich der Kirche.

Stein am Rhein (CH) Kirche Burg

163

Die ehemalige Johannes-Kirche ist das älteste Gotteshaus im Kanton Schaffhausen. Bereits im 6. Jh. stand hier eine Holzkirche über einer allemannischen Grablegung, im späten 7. Jh. wurde die erste Steinkirche errichtet. Der heutige Chor stammt aus dem frühen 14. Jh., das Kirchenschiff ist ein Neubau aus der 2. Hälfte des 17. Jh. Der charakteristische Zwiebelturm stammt vom Beginn des 18. Jh.. Der Chor ist rundum mit Fresken ausgemalt, die vom Beginn des 15. Jh. datieren.

Was ?

Älteste Kirche im Kanton Schaffhausen.
Fresken im Chor (Schöpfung und Sündenfall, Leben des Johannes des Täufers, Leben Jesu).
Schöner Blick auf Stein am Rhein und die Burg Hohenklingen.

Wann ?

Öffnungszeiten:
Aussen jederzeit frei zugänglich.
Die Kirche ist tagsüber geöffnet.

Wo ?

Vom Rathausplatz über die Rhigass und die Rheinbrücke, dann gleich links den Weg hinauf.

164

Stein am Rhein (CH) Burg Hohenklingen

Die rund 200 Meter über Stein am Rhein auf einem Felssporn liegende Burg wurde vermutlich um 1100 gegründet und im 12. und 13. Jh. ausgebaut. Da sie nie zerstört wurde, blieb ihr spätmittelalterlicher Bauzustand weitgehend erhalten. Zu Beginn des 13. Jh. erhielten die Herren von Klingen die Burg vom Kaiser als Reichslehen, Mitte des 15. Jh. kam sie in den Besitz der Stadt und diente bis ins 19. Jh. als militärische Hochwacht. Heute wird sie als Restaurant genutzt.

Was ?

Schöner Ausblick auf Stein am Rhein und die Insel Werd am Übergang vom Untersee zum Hochrhein.
Guterhaltene spätmittelalterliche Burg mit Bergfried, Innenhof, Zwinger und Laube.
Kapelle für Hochzeiten.
Restaurant für den individuellen Besuch und für große Anlässe.

Wann ?

Öffnungszeiten Restaurant Burg Hohenklingen Tel. +41-52-7412137:
Mär bis Apr und Okt bis Dez
Mi bis Sa von 10:00 bis 24:00
So von 10:00 bis 18:00
Mai bis Sep
Di bis Sa von 10:00 bis 24:00
So von 10:00 bis 18:00
www.burghohenklingen.com
Führungen über die Tourist Info

Wo ?

Hohenklingenstrasse 1
CH-8260 Stein am Rhein
Individualverkehr:
Von der H13 über die Rheinbrücke und die Klingenstrasse in die Hohenklingenstrasse.
ÖPNV:
SBB Station Stein am Rhein.

Stein am Rhein (CH) Insel Werd

165

Streng genommen liegen die Insel Werd und ihre zwei kleineren Nachbarinseln gar nicht im Hochrhein, der erst an der Rheinbrücke in Stein am Rhein beginnt, sondern im Untersee, der Teil des Bodensee ist. Auch gehören nur die beiden kleineren und unbewohnten Inseln zu Stein am Rhein, die Hauptinsel gehört zur Thurgauer Gemeinde Eschenz. Wegen der räumlichen und historischen Nähe und wegen des schönes Blickes auf Stein am Rhein finden sie sich dennoch in diesem Buch wieder.

Wie zahlreiche Funde belegen, war die Insel bereits im 5. Jahrtausend v.Chr. von Pfahlbauern bewohnt. Später diente sie den Römern für ihre Holzbrücke als Widerlager in der Rheinmitte.

Mitte des 8. Jh. wurde der hl. Otmar, erster Abt des Klosters St.Gallen, auf die Insel verbannt wo er kurz darauf starb. Zu seinem Gedenken wurde im 10. Jh. eine Kapelle erbaut, die rasch zur Wallfahrtsstätte wurde. In dem kleinen Kloster neben der Kapelle leben heute einige Franziskanermönche.

Was ?

Schöner Spaziergang entlang des Rheins und über den Holzsteg. Guter Blick auf Stein am Rhein und das Kloster St. Georgen.

Wann ?

Die Insel ist jederzeit frei zugänglich.
Die Kapelle ist tagsüber zugänglich.

Wo ?

Individualverkehr:
Von der H13 über die Mettlenstrasse zum Rheinweg und der Beschilderung zum Parkplatz folgen, dann zu Fuss über den Steg auf die Insel.
ÖPNV:
SBB Station Stein am Rhein

Literaturquellen

01 Südschwarzwald und Hochrhein
Eva Baumgartner, edition limosa, 2016

02 Burgen und Schlösser am Hochrhein
Thomas Bitterli / Michael Losse, Regionalia Verlag, 2012

03 Bad Säckingen - Altstadtführer
Ralf Däubler, Kurverwaltung Bad Säckingen, 2003

04 Er-„Fahrungen" im badischen Oberland Band IV
Im Stromland des Oberrheins
Walter Fahl, Schillinger Verlag Gmbh, 1990

05 Der Hochrhein
Leif Geiges, Konrad Theiss Verlag, 1984

06 Der Hochrhein - eine alemannische Flußlandschaft
Andreas Gruschke, Schillinger Verlag, 1995

07 Stein am Rhein - Schweizerische Kunstführer
Michel Guisolan / Roman Sigg,
Gesellschaft für Schweizerische Kunstgeschichte, 2013

08 Reiseführer Thurgau Bodensee
Brigitte Günther, Reise Idee Verlag J. Wächtler, 2009

09 Historische Stadtrundgänge Schaffhausen
Historischer Verein des Kantons Schaffhausen, 2013

10 111 Orte im Aargau die man gesehen haben muss
Ursula Kahi, Emons Verlag GmbH, 2015

Literaturquellen

11 Kulturführer Hochrhein
Peter Martens, Kulturverlag ART + WEISE, 2006
Kunstverlag Josef Fink, 2011

12 Rösselsprünge am Hochrhein
Max Rieple, Stähle + Friedle Verlagsgesellschaft mbH&Co., 1976

13 Anno dazumal - Ein Streifzug durch die Geschichte der Hochrheinlandschaft
Helmut Schwander, Verlag Waldemar Lutz, 2008

14 Barock am Hochrhein
Marco Schwarz, SÜDKURIER GmbH Konstanz, 1983

15 Untersee & Hochrhein
Cornelia Stauch / Walter Tschirren, Oase Verlag, 2011

16 Vom Rheinfall bis Säckingen und St. Blasien
Friedrich Thöne, Jan Thorbecke Verlag Sigmaringen, 1975

17 Winzer und Weine im Aargau
Stephan Thomas / Hans-Peter Siffert, AT Verlag, 2013

18 Tiengen - Bild einer alten Stadt
Heinz Voellner, Stadt Waldshut - Tiengen, 1987

19 Rechts und links vom Hochrhein
Rudolf Walz, Walz Wanderferien Verlag Rudolf Walz, 1996

20 Webseiten verschiedener Behörden, Kommunen, Institutionen und Unternehmen

21 Wikipedia, verschiedene Autoren

Bilderquellen

S. 42	Bild links unten: Stadt Rheinfelden (CH)
S. 44/45	Bilder: Parkresort Rheinfelden Holding AG
S. 161	Bild: Stadt Laufenburg
S. 174	Bild links oben und unten: Jean-Marc Felix, XMedia GmbH Laufenburg
S. 183	Bild: Wiler Trotte
S. 272/273	Bilder: Bad Zurzach Tourismus AG
S. 280/281	Bilder: Bad Zurzach Tourismus AG
S. 282/283	Bilder: Bad Zurzach Tourismus AG
S. 296	Bild links oben: Weingut Engelhof
S. 334	Bild oben und Bild unten rechts: Gasthof zum Kranz
	Bild unten links: Helmuth Scham (BFF) - Photography & Media
S. 335	Bild: Helmuth Scham (BFF) - Photography & Media
S. 360	Bilder: Museum zu Allerheiligen
S. 377	Bild : Schaffhauserland Tourismus
S. 378	Bild links oben: WeinKeller.sh
S. 379	Bild: WeinKeller.sh
S. 384	Bild links unter: Löhninger Trotte

Ortsverzeichnis

Albbruck-Dogern	S. 184
Augst	S. 16
Bad Säckingen	S. 104
Bad Säckingen - Wallbach	S. 102
Bad Zurzach	S. 260
Berg am Irchel	S. 332
Beringen	S. 380
Diessenhofen	S. 398
Eglisau	S. 300
Endingen	S. 244
Frick	S. 142
Full	S. 190
Gailingen	S. 400
Glattfelden	S. 298
Hohentengen	S. 290
Kaiserstuhl	S. 286
Kalchrain	S. 416
Klingnau	S. 232
Küssaburg	S. 258
Laufenburg (CH)	S. 160
Laufenburg (D)	S. 152
Lengnau	S. 252
Löhningen	S. 384
Mettau	S. 180
Murg	S. 148
Nack	S. 334
Rafz	S. 336
Reuenthal	S. 188
Rheinau	S. 338
Rheinfall	S. 342
Rheinfelden (CH)	S. 20
Rheinfelden (D)	S. 50
Rheinfelden - Minseln	S. 68
Rickenbach	S. 100
Rietheim	S. 284
Schaffhausen	S. 350
Stein am Rhein	S. 410
Tegerfelden	S. 240
Tiengen	S. 210
Wagenhausen	S. 414
Waldshut	S. 194
Wehr	S. 72
Wil AG	S. 182
Wilchingen	S. 386
Wil ZH	S. 322

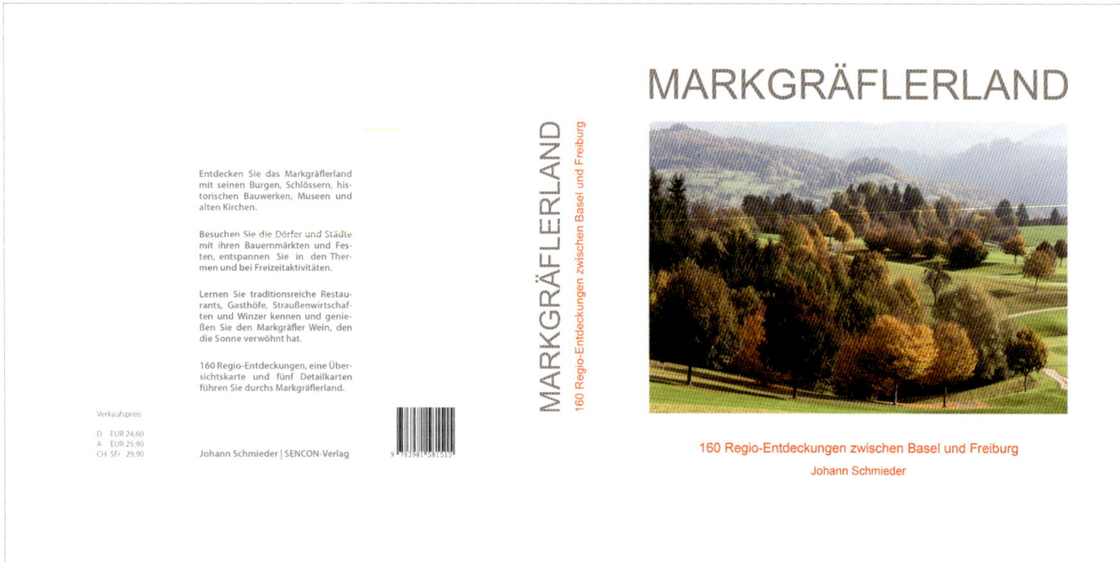

MARKGRÄFLERLAND
160 Regio-Entdeckungen zwischen Basel und Freiburg
Johann Schmieder
MARKGRÄFLERLAND
160 Regio-Entdeckungen zwischen Basel und Freiburg
Entdecken Sie das Markgräflerland mit seinen Burgen, Schlössern, historischen Bauwerken, Museen und alten Kirchen.
Besuchen Sie die Dörfer und Städte mit ihren Bauernmärkten und Festen, entspannen Sie in den Thermen und bei Freizeitaktivitäten.
Lernen Sie traditionsreiche Restaurants, Gasthöfe, Straußenwirtschaften und Winzer kennen und genießen Sie den Markgräfler Wein, den die Sonne verwöhnt hat.
160 Regio-Entdeckungen, eine Übersichtskarte und fünf Detailkarten führen Sie durchs Markgräflerland.
Verkaufspreis
D EUR 24,60
A EUR 25,90
CH SFr 29,90
Johann Schmieder | SENCON-Verlag

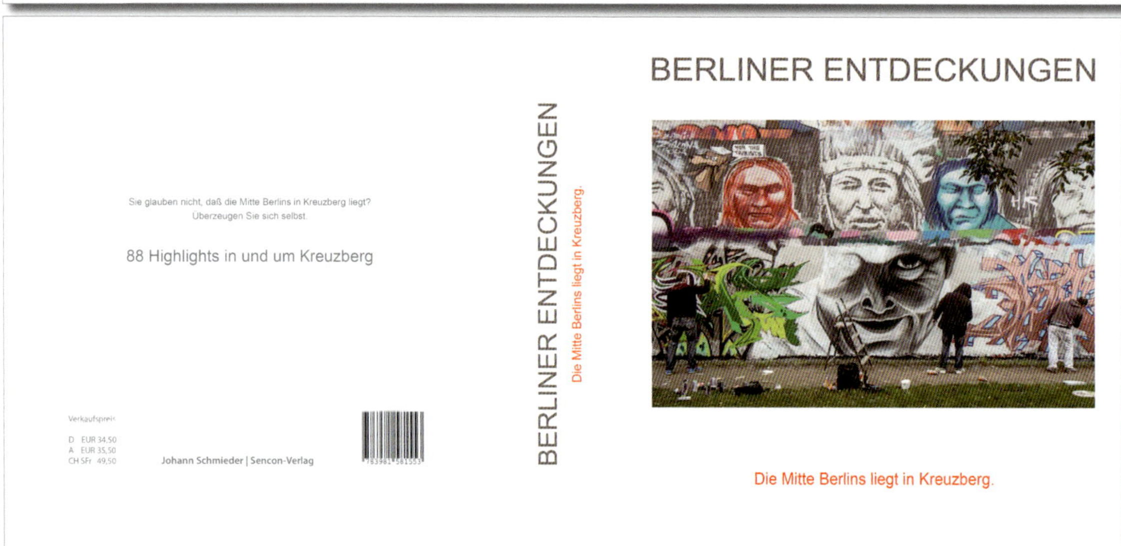

BERLINER ENTDECKUNGEN
Die Mitte Berlins liegt in Kreuzberg.
BERLINER ENTDECKUNGEN
Die Mitte Berlins liegt in Kreuzberg.
Sie glauben nicht, daß die Mitte Berlins in Kreuzberg liegt?
Überzeugen Sie sich selbst.
88 Highlights in und um Kreuzberg
Verkaufspreis
D EUR 34,50
A EUR 35,50
CH SFr 49,50
Johann Schmieder | Sencon-Verlag

www.sencon-verlag.de
js@sen-con.eu

Impressum

Herausgeber und Urheberschaft:
SENCON-SeniorConsulting GmbH, Nansenstraße 3a, 79539 Lörrach, www.sencon-verlag.de.
 Autor und Verlag danken ausdrücklich allen Institutionen für Ihre Zustimmung zur Veröffentlichung der Fotos und für ihre Bemühungen zur Korrektur der Fakten und Texte.
Produkthaftung:
Die in diesem Buch enthaltenen Informationen wurden vom Autor nach bestem Wissen und Gewissen erstellt und von ihm und dem Verlag mit größtmöglicher Sorgfalt überprüft. Dennoch sind, wie wir im Sinne des Produkthaftungsrechtes feststellen müssen, inhaltliche Fehler nicht auszuschließen. Daher erfolgt die Angabe ohne jegliche Verpflichtung oder Garantie des Autors bzw. des Verlages. Beide Parteien übernehmen keinerlei Verantwortung bzw. Haftung für mögliche Unstimmigkeiten.
Verbesserungsvorschläge:
Sämtliche Informationen beziehen sich auf den Stand der Drucklegung Juli 2017. Für Ihre Anregungen und Verbesserungsvorschläge sind wir dankbar. Bitte schicken Sie diese an die SENCON-SeniorConsulting GmbH, Nansenstraße 3a, 79539 Lörrach oder an js@sen-con.eu.